Um presente de Deus

Glenn Beck
com Kevin Balfe e Jason Wright

Um presente de Deus

Tradução
Iva Sofia Gonçalves Lima

Pocket Ouro

Título original
The Christmas Sweater

Texto estabelecido segundo o Acordo Ortográfico da Língua Portuguesa de 1990, em vigor no Brasil desde 2009.

Capa
Douglas Lucas

Diagramação
Celina Faria

Revisão
Eduardo Carneiro

Produção editorial
Guilherme Bernardo
Rosana A. Moraes

PocketOuro é um selo da EDIOURO PUBLICAÇÕES LTDA.

Rua Nova Jerusalém, 345 – Bonsucesso
Rio de Janeiro – RJ – CEP: 21042-235
Tel.: (21)3882-8200 – Fax: (21)3882-8212/8313
www.ediouro.com.br

Para os meus filhos, Mary, Hannah,
Raphe e Cheyenne.

Lembrem-se sempre de onde viemos,
de como chegamos até aqui e
de quem nos conduziu para o calor do sol.

Como termina...

Durante muitos anos o suéter de Natal ficou na prateleira mais alta do meu armário.

Já não cabia em mim havia décadas e, se eu não tivesse me mudado tanto na juventude, nunca mais teria mexido nele. Porém, jamais me passou pela cabeça jogá-lo fora. A cada mudança, dobrava-o amorosamente e transportava-o dentro de uma caixa para a próxima casa, acomodando-o com cuidado em outra prateleira, mas nunca para ser usado.

Independentemente de quanto tempo houvesse passado, a simples visão do suéter sempre desencadeava uma poderosa reação dentro de mim. Entremeados em seus fios, havia fragmentos da minha inocência infantil — arrependimentos, medos, esperanças, desapontamentos — e, no tempo certo, da minha maior felicidade.

Comecei a escrever esta história com a intenção de compartilhá-la apenas com a minha família. Mas algo aconteceu no trajeto: a história assumiu o controle e escreveu-se sozinha. Há coisas que levei anos tentando esquecer e, depois de ter conseguido, foram simplesmente jorrando — fatos que jamais tive a intenção de dividir com alguém. É quase como se o meu suéter quisesse espalhar sua história. Talvez ele tenha ficado em silêncio em uma prateleira por um tempo longo demais.

Demorei mais de trinta anos até me sentir suficientemente à vontade para partilhar esta história. Receio que eu leve o resto da minha vida para entender todo o sentido e o poder que ela encerra. E, apesar de alguns nomes e acontecimentos terem sido trocados, esta é, no fundo, a história do Natal mais importante da minha vida.

No espírito desse tempo sagrado, compartilho esta história como um presente para você. Que ela possa proporcionar a você e aos seus entes queridos a mesma felicidade que me propiciou.

A oração de Eddie

Senhor, sei que faz muito tempo desde a última vez em que lhe falei e peço-lhe desculpas.

Diante de tudo o que aconteceu, tem sido difícil saber o que dizer.

A mamãe vive falando que você está aí olhando por nós, mesmo durante os tempos difíceis. Acho que acredito nela, mas às vezes é difícil entender por que você permitiu que todas essas coisas acontecessem conosco.

Sei que a mamãe está trabalhando duro e o dinheiro está curto, mas, por favor, Deus, se ao menos eu puder ganhar uma bicicleta no Natal, então tudo vai ficar bem melhor. Farei o que você quiser para provar que sou merecedor. Irei à igreja, estudarei bastante. Serei um bom filho para a mamãe.

Vou merecê-la, prometo.

Um

Os limpadores abriam semicírculos através da neve do para-brisa. "Neve boa", pensei, enquanto deslizava o corpo e apoiava o queixo no encosto do banco da frente.

— Encoste-se lá atrás, querido — ordenou delicadamente minha mãe, Mary. Ela tinha 39 anos, mas seus olhos cansados e as mechas brancas infiltrando-se em seu cabelo negro como carvão levavam muita gente a pensar que era muito mais velha. Se a idade é determinada pelos acontecimentos da vida, as pessoas podiam estar certas.

— Mas, mamãe, não consigo ver a neve quando estou lá atrás.

— Está bem, mas só até pararmos para colocar gasolina.

Cheguei para a frente e estiquei meus tênis gastos sobre o descanso entre os bancos da nossa velha caminhonete Ford. Eu era magro e crescido para a minha idade, o que fazia meus joelhos se dobrarem em direção ao peito. Mamãe dizia que eu ficava mais seguro no banco traseiro, mas lá no fundo eu sabia que não era bem uma questão de segurança. Era por causa do rádio. Eu mexia no botão o tempo todo, trocando a tediosa estação que tocava Perry Como por qualquer outra que tocasse música de verdade.

Enquanto prosseguíamos em direção ao posto de gasolina, eu podia ver o centro da cidade de Mount Vernon através da neve. Milhares de luzes de Natal verdes e vermelhas enfeitavam a rua principal. Eram raros os dias quentes de verão no estado de Washington, mas, quando aconteciam, os postes enfeitados pareciam fora do lugar. Elas ficavam ali penduradas em uma espécie de hibernação retardada até que um funcionário municipal fosse ligá-las e substituísse as lâmpadas quebradas. Mas, agora, em dezembro, as luzes exerciam intensa magia, enchendo as crianças de excitação por causa das festas natalinas.

Naquele ano eu estava mais ansioso do que animado. Desejava que fosse o ano em que o Natal finalmente voltasse ao normal. Durante muito tempo, as manhãs de Natal em nossa casa haviam sido repletas de presentes, e de risos, e de rostos contentes. Mas meu pai tinha morrido havia três anos — e minha impressão era de que o Natal tinha ido com ele.

Antes da morte de meu pai, eu não pensava muito sobre nossa situação financeira. Não éramos ricos nem pobres — simplesmente vivíamos. Tínhamos uma casa bonita em um bom bairro, um jantar quente todas as noites e, quando eu tinha 5 anos, até fomos à Disney. Lembro-me de me vestir para a viagem de avião. A única outra viagem que permanece na lembrança aconteceu alguns anos depois, quando meus pais me levaram até Birch Bay — o que pode parecer exótico, mas era apenas uma praia cheia de pedras a cerca de uma hora de nossa casa.

Naquele tempo não almejávamos mais nada, exceto passar, ocasionalmente, um pouco mais de tempo juntos.

Meu pai comprou a City Bakery quando eu era pequeno — a padaria existia na cidade desde 1800. Ele passou a dedicar longas horas ao trabalho, saindo quase todas as manhãs antes de o sol (ou de o seu filho) se levantar. Minha mãe me levava à escola, arrumava a casa, lavava umas peças de roupa e depois se juntava a ele na padaria pelo resto do dia.

Depois da escola, eu costumava andar até lá para ajudá-los. Tinha dias em que eu levava menos de meia hora, mas normalmente demorava um pouco mais. Em alguns dias da semana, eu parava à margem do centro da cidade — no meio da ponte que atravessava a rodovia I-5 — para observar os carros e os caminhões passarem zunindo. Um monte de meninos costumava ficar ali em pé e cuspir em direção à estrada lá embaixo, torcendo para acertar um carro. Mas eu não era desse tipo. Apenas me imaginava cuspindo.

Eu reclamava bastante por ter de estar na padaria com tanta frequência, especialmente quando meu pai me fazia lavar vasilhas e panelas, mas eu adorava vê-lo trabalhar. Algumas pessoas podiam chamá-lo de padeiro, mas eu o considerava um artista de primeira ou um escultor. No lugar de um cinzel, a massa de pão, e, em vez da argila, o glacê. O resultado era sempre uma obra-prima.

Papai e meu tio Bob foram aprendizes na padaria do pai deles desde que tinham a minha idade. Usando aventais, lavavam uma série aparentemente interminável de vasilhas e panelas e aprendiam as receitas depois da escola. No caso do meu pai, não demorou muito para que o aprendiz se tornasse mais habilidoso do que o mestre.

Papai tinha talento para fazer pães e doces. Era o único da família que conseguia dar um toque especial às receitas. Não demorou muito para que os pães e os doces da City Bakery se tornassem os melhores da cidade. Papai amava suas criações quase tanto quanto amava sua família.

Os sábados eram especiais porque era o dia em que meu pai passava a maior parte do tempo confeitando e decorando bolos. Não era mera coincidência que também fosse o dia em que eu mais gostava de trabalhar com ele. Bem, *trabalhar* pode ser exagero, pois eu fazia pouca coisa sozinho. Tirar o pão dos tabuleiros depois que cresciam era o mais longe que ele me deixava ir. Mas eu o observava bem de perto e, sempre que possível, tirava vantagem de meu papel de "provador oficial de glacê".

Embora papai vivesse tentando me ensinar suas receitas, eu não tinha muito sucesso. Mamãe dizia que minha atenção era como a de um mosquito, mas eu sabia que era porque preferia *comer* a assar pão. Nunca tive interesse em ser padeiro; dava muito trabalho e precisava acordar muito cedo. Mas papai nunca abriu mão da esperança de que um dia eu pudesse mudar de ideia.

Sua primeira missão foi me ensinar a fazer biscoitos. Mas pouco depois de me encarregar da massa e do misturador, percebeu que cometera um erro. Um grande erro. Se tivesse me deixado sozinho com aquela massa crua por mais alguns minutos, não teria restado massa suficiente para assar. Depois disso, papai, de maneira inteligente, mudou sua tática de aulas "mãos na massa" para testes surpresa. Mostrava-me como fazer umas fornadas de bolo alemão de chocolate, depois me fazia repetir a receita e jogava farinha em meu rosto quando eu invariavelmente mencionava algum ingrediente que não tinha nada a ver com um bolo. Carne, por exemplo.

Certo dia, bem no meio de um teste de torta folhada de maçã, a caixa de papai (minha mãe) foi até os fundos da loja para perguntar se ele se incomodava em ir ajudar um cliente. Isso não era inteiramente estranho — papai costumava aparecer na frente da loja de vez em quando, especialmente na parte da tarde, enquanto os fornos esfriavam e minha mãe fazia sua visita diária ao banco. Acho que era uma de suas horas preferidas do dia; ele era um sujeito boa-praça e adorava observar os rostos de seus clientes enquanto experimentavam suas últimas criações.

Naquele dia, fiquei observando enquanto papai cumprimentava a sra. Olsen, uma mulher que, para mim, parecia ser a pessoa mais velha da cidade. Era uma cliente habitual. Quando minha mãe a atendia, eu notava que sempre lhe dedicava um tempo maior ouvindo suas histórias. Talvez ela achasse a sra. Olsen uma mulher solitária. Papai tratava-a com o mesmo respeito. Sorria com simpatia enquanto falava com ela, e eu percebia um fraco sorriso insinuando-se em seu rosto. Papai exercia esse efeito sobre muitas pessoas.

A sra. Olsen tinha entrado para comprar um simples pão, mas papai passou cinco minutos tentando fazê-la se interessar por qualquer outra coisa, desde seus mil-folhas até seu bolo alemão de chocolate. Ela recusava, mas papai insistia, dizendo que era tudo por conta dele. A sra. Olsen finalmente cedeu e abriu um sorriso de orelha a orelha. Falou que ele era um homem muito bom. Lembro-me da palavra bom porque a achei simples, mas verdadeira. Meu pai era bom.

Depois que seu pão e suas guloseimas grátis foram embrulhados e acondicionados em uma caixa, a sra. Olsen enfiou a mão na bolsa e tirou um tipo de dinheiro que eu jamais tinha visto. Até onde percebi, não eram notas. Pareciam-se mais com cupons — só que não trabalhávamos com cupons. Quando ela se virou para sair da loja, meu coração começou a disparar. Será que papai estava fazendo alguma trapaça bem na minha frente? A padaria pagava as nossas contas e, mais importante, pagava meus presentes. Aproximei-me do meu pai na caixa registradora e, imaginando que ela não conseguisse me ouvir, cochichei "papai, isso não é dinheiro".

A sra. Olsen parou repentinamente e olhou para meu pai. Ele, por sua vez, fuzilou-me com o olhar.

— Eddie, vá lá para os fundos, por favor. Agora. — A voz dele era claramente severa. Então, num gesto de simpatia e com um sorriso caloroso, ele balançou a cabeça para a sra. Olsen, o que a fez prosseguir em direção à porta. Eu sabia que estava enrascado.

Quando me dirigi para os fundos da padaria, senti meu rosto mais quente do que o forno.

— Eddie, sei que você não fez de propósito, mas tem ideia de como aquilo foi constrangedor para a sra. Olsen?

— Não — respondi. Honestamente, eu não fazia a menor ideia.

— Eddie, a sra. Olsen é uma excelente cliente. Seu marido faleceu há um ano, e ela está enfrentando dificuldades financeiras. Você estava certo, o que ela me deu não é dinheiro, mas, para as pessoas que passam necessidade, é como se fosse. Aqueles cupons chamam-se vales-refeições, e o nosso governo a está ajudando a comprar mantimentos até que ela possa se recuperar. Não comentamos o assunto na sua frente porque ela não se sente à vontade de ter de pedir ajuda aos outros.

Papai explicou-me que enquanto nossa família jamais aceitaria ajuda de alguém, sobretudo do governo, muitos necessitavam desse apoio. Imediatamente senti pena da sra. Olsen — pena de qualquer um que dependesse dos outros para esse tipo de ajuda. E fiquei contente por, até então, nunca termos vivenciado uma situação como essa.

Alguns meses depois, tive a chance de provar ao meu pai que havia aprendido a lição.

Mamãe foi ao banco mais uma vez, e eu estava na frente da loja arrumando alguns *macaroons* frescos na vitrine enquanto papai atendia os clientes. E percebi quando, mais uma vez, ele aceitou os cupons como pagamento — dessa vez de um homem que havia comprado pão, uma torta e uma dúzia de biscoitos. Mas, em vez de sorrisos, uma conversa amigável e sugestões de sobremesas apetitosas, meu pai permaneceu em silêncio.

Depois que o cliente saiu, foi a minha vez de perguntar. Segui-o até os fundos.

— O que há de errado, papai? — perguntei-lhe.

— Conheço aquele homem, Eddie. Ele pode, mas prefere não trabalhar. Qualquer pessoa que *pode* ganhar seu dinheiro não tem o direito de tirá-lo do outro.

Finalmente compreendi por que meu pai — um menino pobre que lutou por todas as suas conquistas — sempre recusou as ofertas de ajuda. Ele trabalhou duro para empreender o próprio negócio e manter sua família. E acreditava que as outras pessoas deviam fazer o mesmo. "O governo", disse-me certa noite, "está aí para agir como uma rede de proteção, não como uma fábrica de doces".

Não sei se minha mãe foi criada com a mesma atitude ou se simplesmente a assimilou durante todos aqueles anos ao lado do meu pai. Mas ela pensava exatamente da mesma maneira. Agora, com a ausência de papai, estávamos lutando de verdade, mas ela se recusava a pedir ajuda a quem quer que fosse. "Vamos superar tudo isso, Eddie", disse-me mais de uma vez. "As coisas estão um pouco apertadas agora, mas há muitos outros que precisam mais do que nós."

Como sempre, mamãe estava sendo otimista: "um pouco apertadas" nem se aproximava da descrição de como havíamos nos tornado frugais. Quando saíamos para jantar — o que só acontecia em ocasiões extremamente especiais — ela sempre dava o mesmo aviso antes de a garçonete aparecer: "Lembre-se, Eddie, não peça leite, pois temos bastante lá em casa. Não há necessidade de desperdiçar."

Eu bem sabia que não era pelo desperdício, mas pelo dinheiro. Mamãe trabalhava durante horas aparentemente intermináveis em atividades também aparentemente intermináveis, nossa casa estava desmoronando mais rápido do que as famosas tortas de maçã do papai, e eu não tinha recebido um presente de Natal digno de me gabar desde a nave Millenium Falcon (de *Star Wars*) que ganhara dois anos antes.

Mas este ano seria diferente. Durante meses havia me comportado de maneira exemplar. Levava o lixo para fora antes de a mamãe pedir, usava minha apurada técnica de lavar a louça da casa e me certifiquei de que minha mãe não tivesse nenhuma desculpa para não comprar a bicicleta que eu merecia.

Porém, como medida de precaução, eu não deixava nada ao acaso. Cada vez que um parente ou um vizinho perguntava-me sobre o meu presente de Natal, certificava-me de que mamãe estivesse perto o bastante para ouvir minha resposta minuciosamente entoada: uma bicicleta Huffy vermelha, com banco preto em forma de banana.

A barulheira do motor do Ford arrancou-me das velhas lembranças. Estávamos na rua principal, e as luzes, até então distantes, agora brilhavam intensamente através das janelas embaçadas. Tentei olhar pelo para-brisa traseiro para ver onde estávamos, mas só o que consegui avistar no reflexo foi o meu cabelo louro, imundo e emaranhado.

Mamãe dirigia com cautela, embora o centro da cidade parecesse praticamente deserto. O sinal ficou vermelho no cruzamento à frente, e ela foi parando o carro lentamente.

— Eddie, olhe! — Ela apontava em direção à janela do carona.

Esfreguei minha mão no vidro de um lado para o outro a fim de limpar a condensação. Havíamos parado bem em frente a uma grande loja de esportes, o lugar exato onde, pela primeira vez, eu tinha visto a bicicleta com que sonhava há quase um ano.

Meus olhos de conhecedor vasculharam a vitrine, disparando dos tacos de beisebol para as luvas, para os trenós, para... lá estava. A bicicleta. A minha bicicleta. O reluzente quadro vermelho, os guidões brilhantemente cromados e o assento preto em forma de banana cintilavam resplandecentes através da neve e da neblina.

— Uau! — Foi a única palavra que me ocorreu.

Mamãe não olhava mais para a bicicleta. Era para mim que ela olhava pelo espelho retrovisor. Eu não podia ver sua boca, mas sabia que estava sorrindo. Sorri de volta. Perry Como entoava a trilha musical.

— Você quer colocar gasolina? — perguntou, alguns minutos depois, quando parou no posto. Abastecíamos com frequência porque nosso carro estava sempre com sede e, normalmente, mamãe só tinha dinheiro para encher parte do tanque.

— Claro — respondi, pulando por cima do banco e saindo pelo lado dela. — Posso pegar um pouco de balas quando for lá dentro pagar?

— Sinto muito, Eddie — mamãe respondeu suavemente. — Tenho dinheiro para suas balas de alcaçuz, mas não para o dentista. — Ela sorriu. — Agora corra.

Eu sabia que ela não tinha dinheiro para o dentista, mas sua desculpa não me enganou. Eu sabia que ela também não tinha dinheiro para as balas.

Dirigi-lhe a melhor expressão de desapontamento que pude exibir. Porém, no fundo, tive esperança. Não ter dinheiro para as balas podia significar que ela economizava para alguma outra coisa.

Minha bicicleta.

Dois

Era véspera de Natal e, como de costume, mamãe estava no trabalho. Era cozinheira na escola de ensino médio da região, mas sempre pegava um ou dois serviços extras no comércio na época das festas.

Eu ia sozinho da escola para casa, o que sempre a preocupava. Ela detestava me deixar só. Não porque eu não pudesse cuidar de mim mesmo, mas porque ela sabia que eu era muito parecido com meu levado avô — o inventor da tradição pré-natalina na qual eu estava prestes a embarcar: a Operação Prévia Clandestina.

Há alguns anos, vovô e eu nos encontrávamos sozinhos em casa na véspera de Natal. Meu pai ainda estava na padaria terminando os *croissants* e os bolos que logo provocariam "ohs" e "ahs" nas mesas de jantar de toda a cidade. Mamãe e vovó tinham ido à igreja. Normalmente éramos arrastados por elas, mas o Natal daquele ano caía em uma segunda-feira, e ele achou um jeito de convencê-las de que a missa natalina do dia seguinte contaria pelos dois dias. Eu tinha muito a aprender com ele.

— Você quer jogar cartas, Eddie? — perguntou vovô, assim que ouviu o barulho da porta da frente se fechando.

"Puxa, lá vamos nós de novo", pensei.

Vovô adorava jogar cartas. Não, vou reformular. Ele adorava *ganhar* nas cartas. E sempre vencia. Na verdade, ele ganhava com tanta frequência que já se tornara uma espécie de código tácito da família que ninguém, jamais, a qualquer custo, concordasse em jogar com ele. Era como alimentar um animal selvagem: podia parecer uma grande ideia a princípio, mas a pessoa sempre se arrependia depois.

Sempre acreditei que vovô ganhasse nas cartas porque era realmente bom, mas naquele ano eu já tinha idade suficiente para perceber melhor. Ele ganhava porque trapaceava. Talvez "trapacear" não seja a palavra certa. Vovô possuía um sistema muito semelhante ao da contagem das cartas na mesa de vinte e um. Seus métodos não eram tecnicamente ilegais, mas ele também não os divulgava.

Quando jogávamos, ele se concentrava mais em identificar as falhas no seu sistema do que em me derrotar — embora isso igualmente não constituísse bem um problema. Eu jogava uma carta, mas ele a apanhava e a colocava de volta na minha mão, dizendo: "Negativo. Você não quer jogar esta carta." A princípio, eu achava que ele só estava me ajudando, mas depois percebi que, para ele, o caso não era de extermínio total. Era sobre a emoção da caçada. Para o vovô, jogar cartas comigo era como participar de uma grande caçada no zoológico — não havia nenhum esporte de verdade envolvido. Nunca achei mesmo que estivéssemos jogando cartas. Eu era sua cobaia.

Sempre imaginei que ele praticasse as jogadas comigo para refinar seu sistema, de modo que pudesse vencer seu jogo de cartas semanal com os amigos, mas nunca lhe perguntei, e ele tampouco me contou.

— Você tem certeza de que não quer jogar? — insistiu ele.

— Desculpe, vovô. Talvez mais tarde.

— Como quiser. Mas estou me sentindo muito vulnerável hoje. Acho que você teria uma grande chance de me derrotar. — Vovô era *realmente* um grande mentiroso.

— Mas se você tem mesmo certeza de que não quer jogar cartas... — Sua voz abaixou quando um brilho de "sou muito mais criança do que você" apareceu em seus olhos. — Quem sabe eu consigo pensar em alguma outra coisa que possamos fazer.

— O que é? — perguntei, tentando significar "Estou dentro!". Vovô tinha grande aptidão para nos meter em vários níveis de confusão, e eu adorava cada segundo disso. Suas "ideias" eram quase sempre códigos para um plano complexo que ele tramara durante semanas. Como demonstrava seu sistema secreto de contagem de cartas, vovô era um grande entusiasta em descobrir a área nebulosa entre a letra da lei e o espírito dela.

— Siga-me — disse ele, mas o tom divertido em sua voz tinha sumido completamente. Vovô levava seus esquemas muito a sério. Sempre que ele e eu nos lançávamos em uma missão, por mais absurda que fosse, tentávamos realizá-la da melhor forma possível. Nas raras ocasiões em que fomos apanhados, ele empregou uma estratégia extraordinariamente complexa, aprovada pelo tempo: negar, negar, negar. Surpreendentemente, isso funcionava na maioria das vezes, porque os adultos simplesmente não conseguiam acreditar que um homem maduro pudesse de fato fazer as coisas que ele fazia.

Um bom exemplo disso aconteceu dois verões antes, quando um adolescente encrenqueiro foi passar uns tempos com a tia, que morava em frente à casa dos meus avós. O encapetado ficava acordado até tarde da noite gritando e esbravejando, violando caixas de correio e tentando acabar com a vida de qualquer um naquela vizinhança normalmente silenciosa.

Praticava sua atividade favorita depois de escurecer, quando erguia uma barreira de pedras atravessando a estradinha que serpenteava pela região. Posicionada bem no alto de uma pequena subida, a barreira era invisível para os carros que vinham das duas direções. Não era alta — tinha apenas alguns centímetros, na maior parte das vezes —, mas o suficiente para fazer os carros desafortunados que nela batiam furarem um pneu, perderem o cano silencioso ou pior.

Nas primeiras vezes em que isso aconteceu, os vizinhos chamaram a polícia. Mas não adiantou muito, porque ninguém de fato flagrou o menino com as pedras. Passado algum tempo, a maioria das pessoas ficou em silêncio e passou a contar os dias para que o visitante indesejável partisse. Menos o vovô.

Poucos dias depois do primeiro incidente com a barreira, ele começou a planejar algo. Percebeu que todas as noites, depois que a confusão terminava, o garoto deixava sua bola de futebol na varanda da casa da tia.

Na manhã seguinte, enquanto vovô tomava seu café da manhã, observou que o garoto saía correndo sem sapatos e chutava a bola para o jardim com a maior força possível. Essa rotina levou meu avô a ter uma ideia simples, embora completamente diabólica.

Uma noite, enquanto o resto da vizinhança dormia, vovô pegou a bola de futebol na varanda e levou-a para sua oficina. Abriu-a cuidadosamente e encheu-a com o mesmo tipo de pedra que o garoto usava para fazer suas barreiras. Depois fechou a fenda e recolocou a bola na varanda.

Não sei exatamente o que aconteceu depois disso, mas sei que o garoto apareceu com um gesso no pé na tarde seguinte, e a vizinhança nunca mais ouviu sequer um pio dele.

Ninguém jamais soube que meu avô fora o responsável por aquela façanha.

Embora eu nunca soubesse quando ele prepararia outra artimanha, sempre supunha que alguma coisa havia acontecido quando ele me fornecia um álibi sem razão aparente. Durante uma caminhada ao celeiro ou uma ida à cidade, ele virava-se para mim e dizia algo enigmático, como: "Por falar nisso, Eddie, se alguém perguntar, você e eu estávamos na loja de ração na noite passada, por volta das seis." Eu sorria e nunca precisava perguntar o motivo.

As duas únicas pessoas que poderiam suspeitar de seus planos eram minha mãe e minha avó. Elas sabiam que vovô era a *única* pessoa que se daria o trabalho de encher de pedras uma bola de futebol só para dar uma lição em alguém. Mas ele não cedia facilmente. Quando suas negativas não se sustentavam, ele dizia: "Eddie pode ter se envolvido em uma coisa como essa."

Embora possa parecer que ele estivesse simplesmente transferindo a culpa para mim, isso é apenas parte da história. A verdadeira razão pela qual vovô adorava usar essa desculpa era porque seu nome também era Edward. Quando ele dizia "Eddie fez isso", as pessoas naturalmente presumiam que ele estava falando de mim, e ele ainda podia continuar se sentindo bem por, *tecnicamente*, não estar mentindo. Felizmente, as pessoas que conheciam bem meu avô não eram bobas, e assim nunca me meti em confusão.

Agora, de volta à casa da fazenda, nos primeiros passos para levar a cabo mais uma missão secreta, vovô caminhava com um propósito. Fiz o melhor que pude para acompanhá-lo, mas minhas pernas curtas precisavam dar dois passos para cada uma de suas longas e elegantes passadas. Só paramos quando nos defrontamos com o guarda-roupa do quarto de hóspedes. Sem dizer uma palavra, vovô abriu a porta do armário e esticou um dos seus braços até o fundo, de onde tirou um embrulho de presente. Eu estava sem fala.

— A primeira coisa que um fã de Natal precisa aprender — disse com firmeza — é que os bons presentes nunca vão para debaixo da árvore até a manhã de Natal.

Meus olhos se escancararam enquanto seu braço voltava a vasculhar por trás das roupas, e um outro presente, este ligeiramente maior do que o primeiro, surgiu.

— Ah, a vovó está ficando esperta — disse entre risinhos, claramente orgulhoso de si mesmo. Quatro presentes depois, ele acabou sua pescaria. — Muito bem, Eddie, agora segure este aqui perto do ouvido. O que você acha que é?

Peguei a caixa com cuidado para não rasgar o papel de presente nem amassar o laço. A etiqueta dizia: "Para o vovô, da vovó." Segurei o pacote perto do ouvido, sem saber exatamente o que ele esperava que eu ouvisse.

— Hum... — Fingi que considerava algumas opções, embora eu não tivesse nenhum palpite. — Não sei. Não consigo ouvir muita coisa.

— Deixe-me tentar — disse ele, mal conseguindo controlar sua excitação.

Entreguei-lhe a caixa, e ele levou-a até o lado da cabeça. Fechou os olhos, sacudiu-a ligeiramente, fez uma pausa, e depois anunciou o veredicto:

— É um casaco para o inverno. Marrom.

— É mesmo? — Eu estava surpreso. — Como você sabe?

— Posso ouvi-lo. Agora me passe aquele ali.

Apanhei uma caixa retangular, coloquei-a em suas mãos enormes e observei-o enquanto repetia o processo: ouvir, sacudir, parar, dar o veredicto.

— Isto é um modelador de cachos. Um desses modernos que desligam automaticamente.

Eu fiquei impressionado. Não por causa do modelador de cachos, mas pela certeza das suas palavras. Não havia sombra de dúvida na voz do vovô.

Ele me pediu os outros dois presentes e repetiu a rotina, agora familiar. Levei o modelador de cachos e a caixa com o casaco ao ouvido, do mesmo jeito que ele fez, tentando escutar alguma coisa, *qualquer* coisa, mas ambos estavam silenciosos.

Vovô sentou-se no chão perto de um pacote que ele identificou como um novo bule de chá para minha mãe.

— Venha cá, Eddie, e sente-se perto de mim um instante. Quero lhe ensinar uma coisa. Existe uma magia no Natal. — Ele sorriu, exibindo certo ar misterioso no olhar. — Algumas pessoas talvez possam chamar de magia negra o que estou prestes a lhe mostrar, mas prefiro pensar nela mais como verde e vermelha.

Deslizei para mais perto dele.

— Acho que já é hora de você finalmente entender a verdade sobre a magia do Natal.

— Vovô, eu já sei. Não sou mais uma criancinha.

— Não é disso que estou falando. A magia em si é real, mas às vezes precisa de uma "ajudinha". E é isso o que eu sou: um "ajudante". É como o pão que seu pai faz. O fermento e a farinha podem até crescer sozinhos, mas nada acontece se ele não colocar a mistura no forno. O mesmo ocorre comigo. Sou como um forno de presentes de Natal. — Assim era o meu avô em plena forma.

Sem esperar para ver se eu tinha entendido sua enigmática analogia, pegou o embrulho quadrado, virou-o para baixo e bafejou delicadamente sobre a fita adesiva grudada na aba do embrulho. A superfície da fita logo embaçou com a umidade da sua respiração. Depois vovô começou a esfregar suavemente o canto da fita com a unha até poder puxá-la sem rasgar o papel. A aba abriu-se impecavelmente.

Meus olhos devem ter ficado tão grandes quanto as rodas de uma bicicleta enquanto observavam o que veio em seguida: vovô colocou o presente sobre o tapete, enfiou a mão pela abertura e puxou a caixa delicadamente. Depois passou-a para mim.

— Abra-a — disse ele. — Mas com cuidado.

Puxei a tampa da caixa, tirei o papel de seda vermelho, e lá estava o presente — um bule de chá de porcelana oriental, com quatro pequenas xícaras. Exatamente o que minha mãe queria e exatamente como meu avô profetizara, embora agora tivesse ficado óbvio que não se tratava mais de uma profecia, e sim de um fato.

Passamos aos outros presentes. Alguns tinham vários pedaços de fita adesiva, o que nos exigiu paciência. Meu avô lembrou-me de que ter paciência era uma virtude. Em outros casos, o pacote estava tão apertado que precisamos virá-lo para a caixa sair. Um por um, desembrulhamos e embrulhamos todos. (Mais tarde, soube que durante a época do Natal meu avô abria todos os seus presentes no mínimo três vezes.) Depois que terminamos, vovô recolocou-os todos com muito cuidado nos respectivos lugares, e voltamos lá para baixo.

Eu não sabia que estávamos longe de terminar.

Debaixo da árvore de Natal, havia um tesouro sem dono de embrulhos de presente para explorar. Não importava para quem eram nem de onde tinham vindo. Abrimos todos, trocamos ideias sobre eles e chegamos até a brincar com alguns. Depois, voltamos a fechá-los e os recolocamos debaixo da árvore, exatamente no lugar em que estavam.

Vovô me fez jurar que eu manteria segredo, mas nem precisava. Eu sabia que a Operação Prévia Clandestina proporcionaria a magia natalina durante os próximos anos, e eu não ia estragá-la. Meu avô pode ter sido o mentor, mas, assim como meu pai aprendera a assar os pães, eu rapidamente me tornei seu mais habilidoso aprendiz.

Como minha mãe ainda ficaria no trabalho por mais algumas horas, eu tinha tempo suficiente para executar a Operação deste ano.

Mamãe e eu vínhamos travando um jogo contínuo, embora silencioso, de gato e rato durante os últimos Natais. Ela encontrou um excelente esconderijo, e eu o descobri. Ela encontrou um esconderijo ainda melhor, e eu também o descobri. Talvez eu não fosse tão habilidoso para colocar os presentes exatamente no lugar em que os havia encontrado. Isso porque ela sempre parecia saber quando seus locais secretos tinham sido violados.

Este ano, quando comecei a vasculhar o armário do quarto dela, estava determinado a não deixar o menor vestígio. Afinal de contas, eu já tinha 12 anos e a certeza de que, finalmente, poderia ser tão bem-sucedido na Operação quanto o vovô.

Quando enfiei minha mão no fundo do armário, percebi que eu esperava não encontrar um presente ali. Se coubesse em um armário, não poderia ser uma bicicleta. E esse era o único presente que eu queria. Naquele momento, eu esperava encontrar um recibo — e eu sabia que mamãe era esperta o bastante para esconder isso também.

Minhas mãos vasculharam cuidadosamente cada canto e cada fresta do armário. E então a senti. Uma caixa. Pequena. Desembrulhada.

— Ah, o deslize da mamãe. — Ri para mim mesmo, enquanto puxava a caixa da escuridão. Uma fina camada de poeira cobria a tampa. Como foi que não percebi isso nos últimos anos?

Tirei a tampa lentamente, tomando cuidado para não deixar as marcas dos dedos na poeira, caso aquilo fosse uma intricada armadilha da minha mãe. Porém, quando removi o papel de seda, percebi que não se tratava de nenhuma armadilha. Logo reconheci o objeto que ali estava. Era o velho Hamilton, o relógio preferido do meu pai. Um suave aroma de Old Spice, a água-de-colônia que ele usava, ainda exalava da pulseira.

De imediato, minha mente saltou para a última vez em que tinha visto aquele relógio, cerca de quatro anos atrás, logo depois de uma tempestade de neve matinal atrasar o início das aulas. Era uma segunda-feira, e a padaria estava fechada. Papai estava em casa, ajoelhado na minha frente para garantir que os sacos plásticos envolvessem perfeitamente meus sapatos. Meus amigos possuíam botas de neve de verdade, mas meu pai dizia que eram um desperdício de dinheiro, pois tínhamos muitos sacos vazios de pão pela casa que podiam exercer a mesma função tão bem quanto. Isso deve ter sido uma pista de que não éramos exatamente os Rockefellers — mas, na época, fazia sentido para mim.

Enquanto ele passava um elástico por cima dos meus sapatos para apertar o saco nas minhas canelas finas, a manga da sua camisa subiu, revelando o vistoso relógio. Olhei a hora e percebi que agora estava mesmo muito atrasado para a escola e apavorado com a expectativa de correr sobre a neve semiderretida com sacos plásticos escorregadios nos pés. Eles até podiam manter a água do lado de fora, mas não faziam tração.

— Papai, tenho de ir agora mesmo. Vou chegar atrasado — insisti, esperando que ele desistisse da proteção impermeável caseira e me levasse de carro.

— Desculpe, Eddie, prefiro que você se atrase a que fique na escola com os pés úmidos e gelados. Só preciso de mais um segundo.

Olhei para o relógio, observando o pequeno ponteiro de segundos girar, cada volta marcando quão rápido eu deveria correr para chegar a tempo.

Também pensei em como era irônico que meu pai fosse padeiro e, embora tivéssemos um estoque de sacos de pão, nunca tivéssemos nenhum pão em casa.

— Eddie — dizia-me —, se eu trouxer todos os pães para comermos em casa, o que vou vender?

O engraçado é que eu sabia que era uma desculpa. Eis a verdade: depois de um longo dia de trabalho, meus pais corriam para fechar a loja e simplesmente se esqueciam de levar para casa o pão que viam durante todo o dia. Minha mãe costumava brincar que o filho do sapateiro não tinha nenhum sapato para usar, assim como o filho do açougueiro não tinha um bife sequer para comer, então estávamos empatados. Mas nunca achei muita graça nisso.

De tão acostumado a não ter pão em casa, certa vez despejei um pote inteiro de manteiga de amendoim em uma vasilha e comecei a comer com colher. Minha mãe entrou na cozinha e me olhou como se não acreditasse no que via.

— O que você está aprontando? — perguntou ela, sinceramente chocada ao ver as imensas colheradas que eu enfiava na boca.

— Qual o problema? — respondi como pude, considerando que eu não conseguia abrir toda a boca. — Não tem pão.

— Isso não é desculpa para você comer como um animal. Guarde isso.

Engoli mais algumas colheradas depois que ela saiu e guardei o restante. Como mamãe felizmente só me repreendera por comer manteiga de amendoim, os outros recheios continuavam liberados. Nas semanas seguintes, dediquei-me a vasilhas cheias de *marshmallow*, de geleia de morango e até mesmo de creme chantili. Depois que fiz um teste com maionese, meu experimento com recheios sem pão chegou oficialmente a um final enjoativo.

Assim que papai finalmente terminou de envolver minhas botas com sacos plásticos, corri porta afora decidido a enfrentar o frio. Estar atrasado para a escola era uma boa desculpa para correr, mas a verdadeira intenção era sumir de vista o mais rápido possível a fim de arrancar aqueles sacos ridículos dos pés. Certa vez cometi o erro de aparecer na escola com eles, e se passaram meses até que meus amigos parassem de debochar de mim. "Ed saco de pão" foi meu primeiro apelido, que logo se transformou em "Eddie baguete". O incidente só foi esquecido na primavera. Por isso eu não estava muito animado para relembrá-lo.

O ponteiro menor do relógio, que no passado simbolizara minha ânsia para escapar do meu pai naquele dia de inverno coberto de neve, estava hoje ali parado, zombando de mim. Queria não ter corrido tão rápido para a escola naquele dia. O tempo não mais importava.

Guardei cuidadosamente o relógio na caixa, ajeitei o papel de seda e o devolvi ao seu lugar. Perguntei-me como uma lembrança tão forte do meu pai podia ficar guardada em um armário escuro e solitário, mas parecia adequado.

Antes de passar para esconderijos mais engenhosos, resolvi verificar debaixo do óbvio: a cama da minha mãe. Era improvável, mas eu não me perdoaria se meu presente estivesse tão perto e eu não o descobrisse.

Deitei de barriga para baixo e arrastei-me para a escuridão debaixo da cama da minha mãe. Meus olhos demoraram um pouco para se acostumar, mas depois tudo me pareceu familiar. Algumas caixas de sapatos, tábuas para aumentar a mesa de jantar, uma caixa de costura e... um momento, o que era aquilo? Havia uma caixa que eu nunca tinha visto. Era de bom tamanho e brilhava. Marquei sua posição exata antes de arrastá-la até a luz.

A caixa era mais larga e profunda do que uma de sapatos. Na tampa, uma etiqueta com a letra da minha mãe dizia simplesmente "recibos de Natal". Poderia ser isso? Seria assim tão fácil? Minhas mãos tremiam de ansiedade.

Delicadamente retirei a tampa e examinei o conteúdo. Havia apenas um recibo. "Não fique desapontado", pensei. "Uma bicicleta, um recibo." Rapidamente desdobrei o papel, esperando ler "Richmond's" impresso no alto, mas não havia nome de loja. Na verdade, não havia uma descrição do artigo, um preço, nem mesmo uma data. Em vez disso, apenas uma anotação manuscrita: "Oi, senhor Bisbilhoteiro. Pode parar de procurar. Seu presente está bem debaixo do seu nariz, mas o senhor nunca descobrirá."

Isso não podia estar acontecendo. Mamãe não só tinha usado de psicologia inversa comigo, como também me derrotara com ela. Vovô ficaria bem decepcionado. Vovô. A imagem dele ensinando-me a remover a fita adesiva da maneira certa surgiu na minha mente. Ele nunca havia sido derrotado assim tão fácil. Senti uma energia renovada. Eu podia ter perdido esta batalha, mas não perderia a guerra.

Dobrei novamente o recibo da minha mãe, coloquei-o na caixa e empurrei-a para debaixo da cama até que ficasse exatamente onde eu a encontrara. Se minha mãe não soubesse que eu havia descoberto seu bilhete, então, tecnicamente, eu não teria perdido. Com apenas um pouco de sorte, minha dignidade e a honra do meu avô ainda poderiam ser salvas.

Três

É engraçado como a vida muda tão rápido. Poucos anos atrás, dinheiro era a última coisa que passava pela minha cabeça. Agora era só no que eu pensava. Há poucos anos, eu tinha um pai. Agora ele já não existia. Poucos anos atrás, eu adorava ir à igreja cantar as músicas de Natal com minha mãe. Agora eu não podia imaginar nada pior.

É difícil ser um menino de 12 anos. É mais difícil ainda ser um menino de 12 anos cuja mãe parece estar incumbida de uma missão de Deus para deixá-lo sem graça. Pelo menos foi assim que me senti na véspera de Natal.

— Mamãe, por favor, não me obrigue a ir. Já estou um pouco velho para isso. — Eu já sabia que discutir era causa perdida.

— Vamos, Eddie, você sempre se diverte. As senhoras adoram vê-lo. Além do mais, como elas vão atualizar sua altura na moldura da porta se você não aparecer?

Mamãe sorria, mas eu sentia que estava pisando em solo minado. Se eu reclamasse muito, ela poderia me fazer esperar pela minha bicicleta até depois do Natal.

— Está bem. Mas será que podemos ficar menos tempo? Quero guardar bastante energia para fazer todas as minhas orações esta noite. — Há muitos anos eu não usava essa desculpa, mas tinha esperança de que ela se importasse mais com as minhas orações do que com a cantoria.

Seu sorriso desapareceu. Oh-ou.

— Eddie, sua repentina devoção a Deus é estimulante, mas, acredite em mim, Ele vai ficar mais do que feliz por ouvir suas orações, independentemente de quanta energia você tiver. Agora vá pegar os sacos de pão de forma e se apronte para sair.

Tudo estava indo de mal a pior muito depressa. Nunca pensei que as botas de sacos de pão do meu pai pudessem ficar *ainda mais* constrangedoras. Mas depois que ele morreu, minha mãe descobriu um jeito: botas de sacos de pão de forma com *desenhos de bolas coloridas* na embalagem. Agora, eu não só tinha de usar sacos plásticos baratos em volta dos meus sapatos, como eles tinham de ser sacos plásticos baratos com desenhos de bolas coloridas. Só podia ser um pesadelo.

— Não preciso deles esta noite — disse eu com firmeza. — Vamos entrar direto no carro.

— Não estamos negociando nada, Eddie. A neve está escorregadia e não quero você de sapato úmido a noite toda. Pode acabar doente no Natal.

Alguém precisava dar uma aula séria sobre viroses à minha mãe. Até eu sabia que ninguém pega gripe por causa do frio. Mas uma aula sobre saúde não parecia ser a resposta mais inteligente. Tomei a decisão certa e segurei a língua.

— Está bem. Vou colocá-los.

Estava procurando os sacos debaixo da pia da cozinha quando ouvi a campainha da porta da frente. A porta se abriu, e um barulho ininteligível, que só acontece quando duas mulheres adultas se encontram, reverberou pela casa. Tia Cathryn havia chegado.

Tinha 9 anos quando entendi que "tia" Cathryn não era minha tia de verdade — era apenas a vizinha. Depois que seus filhos cresceram e foram embora, ela adotou-nos como sua família. O fato é que, sendo ou não da família, ela era, indiscutivelmente, a melhor pessoa que eu conhecia. E minha mãe sempre parecia feliz na sua companhia.

Relutante, levei meus sacos coloridos de pão de forma para a sala e sentei-me no sofá, à espera da inevitável sequência de acontecimentos.

— Eddddddddie, como você está? — Tia Cathryn apertava com força minhas bochechas. Eu detestava aquilo. — Feliz Natal! — Ninguém jamais a acusou de ser tímida.

— Estou ótimo, tia Cathryn, e como vai a senhora?

— Eu estou sempre muito bem, Eddie, mas obrigada por perguntar. Mal posso acreditar que já é hora de cantar novamente as músicas de Natal. Parece que acabamos de cantá-las!

"É a mentira do século", pensei com meus botões. Pela segunda vez naquela noite, segurei a língua.

— Ah, e olhe sua árvore. É linda!

Tia Cathryn tinha mais energia do que qualquer outra pessoa que conheci. Se alguém medisse a importância de uma frase pelo entusiasmo com que ela foi dita, tia Cathryn podia muito bem ter sido presidente. Mas a voz dela abaixou subitamente.

— Mas onde está a estrela?

Embora houvesse enfeites por todos os cantos da árvore, o topo estava vazio. A estrela não estava ali porque ninguém era alto o suficiente para colocá-la no lugar — um lembrete constante de que alguma coisa, ou melhor, *alguém* fazia falta.

— Vou cuidar disso — ofereci-me, não querendo entrar numa conversa sobre meu pai na véspera de Natal. Peguei a escada no armário da entrada da casa e abri-a junto da árvore. Depois, voltei ao armário e retirei uma simples estrela branca de sua caixa. Fui até a escada, subi no último degrau, equilibrei-me e encaixei a estrela em seu lugar. Tia Cathryn sorriu.

— Muito bem, Eddie — disse minha mãe —, acho que isso o torna, oficialmente, o homem da casa.

Mamãe se arrependeu de suas palavras antes mesmo de dizê-las. Tia Cathryn e eu ficamos olhando para o chão num silêncio constrangedor. Pensávamos a mesma coisa. Não havia nada que quiséssemos menos.

Depois de eu embrulhar os sapatos com os sacos plásticos e ficar totalmente ridículo, nós três entramos no carro e seguimos para a casa de repouso. Foi lá que cantamos nas vésperas do Natal dos últimos cinco ou seis anos. O que me salvava era que cantávamos dentro da casa, fora da vista de todos. Teria sido um desastre se meus amigos houvessem me visto cantando as músicas de Natal com minha mãe, tia Cathryn, e ainda metido em sacos plásticos de pão de forma. O "Eddie baguete" teria parecido um sonho comparado ao tormento que cruzaria meu caminho.

Minha mãe dirigia lentamente, como se estivesse no piloto automático, enquanto tia Cathryn não deixava o botão do rádio em paz. Depois de cinco minutos seguidos de interferência na estação, entremeados com dez segundos de música, não consegui mais aguentar.

— Dá para ficar só em uma estação? — perguntei.

— Claro. Desculpe-me, Eddie — respondeu tia Cathryn. — Eu só estava tentando achar uma canção de Natal, para podermos praticar nossa harmonia.

Deixei escapar um riso sem querer.

— Harmonia? Se a senhora acha que temos alguma harmonia, então deve ser tão surda quanto a nossa plateia.

Segundo golpe.

Levantei a cabeça e cruzei os olhos com os da minha mãe, que agora me olhava pelo retrovisor. Ela conseguia me passar um sermão completo usando apenas os olhos, tamanha a sua intensidade. E agora eles ordenavam que me sentasse direito e ficasse com a boca fechada.

— MÃE! — O tráfego tinha parado de repente. Ela voltou sua atenção para a estrada e pisou nos freios. Eles rangeram, e o carro parou a poucos centímetros do para-choque traseiro do carro à frente. Minha mãe me encarou novamente pelo espelho, mas dessa vez sem zanga, apenas com preocupação.

— Eddie, você está bem?

— Estou bem, mamãe. — Sentia-me responsável. Meu comentário idiota a distraíra.

— Parece que há algum acidente ali na frente. Estou realmente feliz por não estarmos envolvidos.

Estávamos quase completamente parados, mal nos arrastávamos. Uma cacofonia das buzinas dos carros soava intermitente, sufocando a canção de Natal que tocava no rádio.

Cerca de vinte minutos depois, vimos finalmente as luzes dos carros da polícia. Os veículos tinham sido removidos do local, mas ainda havia cacos de vidro na pista. Olhei para o retrovisor e vi minha mãe se curvar enquanto murmurava uma prece.

Depois de ultrapassarmos o local do acidente, o tráfego fluiu, mas a essa altura já corríamos o risco de perder a cantoria.

— O que você acha, Eddie, devemos voltar para casa? — perguntou mamãe.

Eu gostava do fato de ela achar que eu já era bastante crescido para ter um voto. Meu instinto inicial foi dizer "é, vamos voltar para casa". Mas então percebi que era uma oportunidade de ajudar minha mãe a esquecer minhas duas mancadas.

— Não, vamos até lá — respondi com segurança. — Mesmo se perdermos os cânticos, podemos dar um alô para todos.

Impressionada, minha mãe me olhou de volta. Mais uma vez seus olhos diziam tudo: eu tinha dado a resposta certa.

Alguns minutos depois, adentramos o estacionamento da casa de repouso. Embora eu soubesse que ninguém me veria nos quarenta segundos de caminhada até a porta da frente, ainda me sentia incomodado.

O lugar estava excessivamente quente e tinha um cheiro bem "característico". Enquanto percorríamos o corredor em direção ao salão, eu podia ouvir as outras pessoas cantando. A princípio foram apenas tons abafados, mas, quando nos aproximamos, comecei a distinguir as palavras "Deus o acompanhe até nos vermos de novo".

Não tinha muito a ver com uma canção de Natal, mas meu pai sempre insistiu que aquela fosse a última música a ser cantada todos os anos. Dizia que as menções ao Papai Noel e à neve eram ótimas, mas que o importante era que as pessoas vivenciassem o espírito de Natal — e essa música nunca falhava nesse aspecto. Tentei protestar no primeiro ano, mas quando levantei os olhos e vi as lágrimas nos olhos da nossa plateia, percebi que papai estava certo.

Deus o acompanhe até nos vermos de novo;
Que Seus conselhos o guiem e sustentem;
Que a segurança do Seu aprisco o ampare;
Deus o acompanhe até nos vermos de novo.

Deixamos de cantar essa música depois que papai morreu — todos sabiam que seria muito difícil para mamãe e eu ouvi-la. Mas nosso atraso deste ano deu-lhes uma brecha para cantá-la, sem que estivéssemos presentes. Agora, enquanto aquelas palavras tão familiares revestiam-se de um sentido novo e desconhecido para mim, uma série de lembranças não solicitadas invadia minha mente.

Eu tinha 6 anos. Papai me suspendeu para que eu pudesse colocar a estrela no topo de nossa árvore de Natal.

Aos 7 anos. Papai armou meu trenzinho novo e brincou comigo durante todo o dia — e nunca reclamava quando lhe pedia que imitasse o apito do trem.

Com 8 anos. Papai comprou minha primeira bola de futebol americano. Jogávamos no nosso quintal coberto de neve até que ele não aguentasse mais correr. Ele andava cada vez mais cansado nos últimos tempos.

Aos 9 anos, abrimos os presentes no quarto do hospital onde papai estava internado. Mamãe falou que a quimioterapia deixava-o muito fraco para voltar para casa. Ele apertou minha mão e disse-me que logo brincaríamos novamente. Não o deixei me ver chorar.

Os meses dispararam, e eu estava no enterro do meu pai. Sua aparência era mais tranquila e saudável do que a que exibira durante o ano anterior. Não parecia justo. O coro cantava seu hino favorito.

Deus o acompanhe até nos vermos de novo;
Que suas asas protetoras o abriguem;
Que o maná diário o sustente;
Deus o acompanhe até nos vermos de novo.

— Eddie? Você não vai entrar?

Eu estava sozinho, parado no corredor.

— Todo mundo quer ver você.

As pessoas ainda cantavam.

O salão tinha exatamente o mesmo jeito e o mesmo cheiro de todos os anos. Flocos de neve feitos de cartolina pendiam das paredes, e uma pequena árvore de Natal exageradamente enfeitada ocupava o canto esquerdo da sala. Em uma mesa de jogo, um pote cheio de ponche vermelho permanecia intocado.

— Eddie!

Eu mal cruzara a porta.

— Oi, sra. Benson.

A sra. Benson disparou em minha direção, as rodas de seu andador deslizando sobre o linóleo, com vários outros rostos familiares não muito distantes. Eu sabia que apertões de bochecha seriam inevitáveis. Eu me perguntava com que idade um menino ficava livre daquela humilhação.

Alguns minutos depois, os abraços, os apertos de mão e os comentários de "Olhem como Eddie está crescido!" finalmente terminaram. Minhas bochechas estavam doloridas, mas era bom estar junto de pessoas que desejavam estar perto de mim.

— Então, Eddie, o que você deseja ganhar de Natal este ano? — A sra. Benson parecia se orgulhar de ser a primeira a me fazer essa pergunta todos os anos. Normalmente eu respondia que não sabia ao certo, mas com a mamãe sentada a poucos centímetros, achei que era a última oportunidade de garantir que meu recado fosse ouvido em alto e bom som.

— Uma bicicleta Huffy vermelha com banco preto em forma de banana — respondi, um pouco mais alto do que o necessário.

— Que ótima ideia! — exclamou a sra. Benson, nitidamente surpresa por eu finalmente ter dado uma resposta específica, depois de tantos anos. — Já está na hora de você ganhar uma bicicleta. Você merece, depois de tudo o que passou.

"Ela não sabe", pensei com meus botões. "Não só mereço uma bicicleta. Eu já a ganhei."

Depois de mais ou menos duas horas de sorrisos calorosos e cantoria desafinada, saímos do estacionamento da casa de repouso em direção à nossa casa. Eu poderia mentir e dizer que a noite parecia ter durado uma eternidade, mas a verdade é que passou bem rápido. Eu havia me esquecido de quanto gostava daquelas pessoas, que me ajudavam a sentir o espírito de Natal e a esquecer quanto sentia falta do meu pai, para não falar da nossa luta financeira e das minhas botas de sacos de pão. É engraçado como é melhor ser criança em um grupo de pessoas mais velhas.

Minha mãe possuía um aguçado sexto sentido sobre essa coisa do "eu lhe disse" e não perdeu tempo para confirmar suas suspeitas.

— Não foi tão ruim quanto você pensava, não é mesmo, querido?

— Acho que não. — Eu não estava disposto a ceder.

— A vida é o que fazemos dela. Sempre existe diversão e risos bem debaixo do nosso nariz se estivermos dispostos a abrir os olhos para enxergá-los.

Mamãe e eu cruzamos o olhar novamente. Levei um bom tempo para entendê-la dessa vez. Eu não sabia se ela tentava simplesmente reforçar sua lição de vida ou se jogava verde para que eu admitisse ter visto o bilhete debaixo da cama. Fiquei em silêncio e desviei os olhos.

— Na maioria das vezes ficamos tão concentrados em nossas opiniões e desejos que não conseguimos apreciar quanto já somos felizes — continuou ela. — Só quando esquecemos os próprios problemas e ajudamos os outros a esquecer suas dificuldades é que percebemos o que já possuímos de bom.

Eu sabia que ela estava certa, mas meu interesse estava mais em me aprontar para dormir do que em mergulhar numa conversa profunda. Era véspera de Natal, e em pouco tempo eu ganharia a bicicleta que mudaria a minha vida.

Fui para o andar de cima, escovei os dentes o mais rápido possível e vesti meu pijama natalino estampado de conchas. Embora eu não quisesse que ninguém me visse dentro dele, entristecia-me pensar que, provavelmente, essa seria a última vez que eu o usaria. Todos os Natais minha avó me presenteava com um conjunto novo, e, enquanto o pijama não competia com uma bicicleta, ele era o único presente de que eu certamente gostava todos os anos. Melhor ainda, quando vestia meu pijama, eu pensava na minha avó, que era como uma espécie de sequoia — forte e silenciosa. E eu sempre me sentia seguro na sombra do seu amor.

— Mamãe — comecei cuidadosamente enquanto escorregava para debaixo das cobertas. — Tenho 12 anos. Você ainda tem de prender minhas cobertas?

— Sim, senhor, tenho, sim.

— Mas já sou quase um homem. — Acho que as palavras poderiam ter soado com mais impacto se eu não estivesse falando debaixo de uma colcha do *Star Wars*.

— Imagino que vá chegar o dia em que nós dois saberemos que é hora de mudar. Por falar nisso, eu não prendo mais você dentro das cobertas, *rapazinho*. Apenas sento-me ao seu lado alguns instantes e digo boa-noite. Existe uma diferença.

— Está bem.

— Além do mais, quero conversar com você sobre o que aconteceu na casa de repouso esta noite. Sei que você ouviu a música.

O sono e a manhã de Natal estavam bem próximos. A última coisa que eu queria era mais uma lição de vida da mamãe.

— Que música?

Ela ignorou minha indiferença.

— Seu pai cantou aquela música para mim logo na primeira vez em que saímos. "Até nos vermos de novo, até nos vermos de novo, Deus a acompanhe até nos vermos de novo." — Ela riu. — Ele tinha uma voz horrível. O som me fazia estremecer, mas eu achava a coisa mais doce do mundo. Claro que a vovó se derreteu quando contei o que ele havia feito. "Ele é uma pessoa protetora", disse-me, como se cantar uma música da igreja pudesse, de algum modo, tornar um homem perfeito. Não tive coragem de lhe contar que seu pai provavelmente tinha ouvido aquela música no rádio, não na igreja.

Esforcei-me para não demonstrar emoção. Imaginei que, se mamãe era boa em falar com os olhos, então era provável que fosse melhor ainda em lê-los. E eu não queria encorajá-la a continuar falando. Mas de nada adiantou.

— Fiquei de olho em você quando ouviu a música. Sei que sentiu falta do papai. Também sinto falta dele. Mais e mais, a cada dia. Mas ele não partiu de verdade. Está bem aqui agora, zelando por você. Os braços dele estão à sua volta.

Como sempre, mamãe tinha razão. Eu sentia falta do meu pai. Sentia muita saudade dele. Talvez ainda fosse muito pequeno para perceber o que eu possuía quando ele estava vivo, ou talvez ele trabalhasse muito. Mas hoje percebia claramente o que eu havia perdido. E doía *de verdade.*

— Mas, querido — continuou minha mãe —, você não está percebendo o que realmente diz aquela música. Está perdendo a parte mais importante e a razão principal por que o papai adorava cantá-la. — Ela começou a cantarolar baixinho. — Quando os inúmeros perigos da vida o ameaçarem, ponha Seus braços infalíveis à sua volta. — Parou durante alguns segundos. — Os braços Dele estão sempre à sua volta, Eddie. E sempre estiveram em volta do papai também. Quando ele tinha um dia difícil no trabalho, eu cantava essas palavras para ele, e tudo ficava bem.

Nesse momento, minhas tentativas de permanecer impassível falharam. Uma lágrima escapou do meu olho esquerdo e escorreu pelo rosto. Esperava que minha mãe não percebesse, mas era impossível.

— Além do mais, se Deus não estivesse aqui conosco bem agora, então por que teríamos esse lindo céu noturno? Olhe para as nuvens, Eddie. Estão carregadas de neve. E quando Deus espremê-las esta noite, vamos ter o tipo de Natal branco que seu pai sempre amou. — Ela sorriu para mim com um amor intenso em seus olhos castanhos e acrescentou: — Agora, boa noite. Tente dormir e não se levante antes do amanhecer. — Ela piscou. — A manhã de Natal não começa até que seja *manhã*.

Ela apagou a luz quando saiu do quarto, e a luz de emergência na tomada brilhou intensamente, lembrando-me de que eu ainda não era bem um homem.

Olhei pela janela, determinado a não cair no sono até ver o primeiro floco de neve. Os versos cantarolados suavemente pela minha mãe não saíam da minha cabeça. "Quando os inúmeros perigos da vida o ameaçarem, ponha Seus braços infalíveis à sua volta." É provável que ela estivesse certa, mas eu ainda me sentia sozinho com meus fardos. Afinal, eu era um menino de 12 anos sem pai nem dinheiro.

Enquanto continuava a olhar pela janela à espera da nevasca, eu não fazia ideia de que em breve precisaria dos braços Dele à minha volta mais do que jamais imaginara ser possível.

A tempestade da minha vida estava se formando.

Quatro

O aroma das panquecas de minha mãe era tão maravilhosamente intenso que me fez acordar.

Pulei da cama e corri para a janela. Havia algo mágico em ir dormir com o solo nu e seco e, pela manhã, deparar-se com um tapete branco e fofo de neve.

Mas a mágica ia ter de esperar, porque o pátio da frente ainda estava coberto com a mesma neve cinzenta e grossa que caíra há alguns dias. Olhei para o céu. As nuvens pareciam carregadas de neve, mas, teimosas, não estavam dispostas a partilhá-la.

A pior parte é que eu sabia que mamãe não iria se compadecer do meu desapontamento. Ela era dessas pessoas que concebem a neve como um problema. Gostava apenas do *espírito* da neve. Porém, removê-la com a pá era uma dor de cabeça, o para-brisa do carro levava horas para degelar, e, mesmo com uma quantidade mínima de neve, dirigir estava fora de cogitação. Eu costumava dizer que ela era uma Grinch da neve — uma criatura mesquinha que odiava o Natal —, até que cresci o suficiente para limpar a entrada da nossa casa e finalmente entender o que ela queria dizer.

Se mamãe era uma Grinch, papai era o prefeito de Whoville, a cidadezinha da história. A quantidade de neve nunca era suficiente. Ficávamos acordados até tarde à espera da prometida nevasca, bebericando chocolate quente e ouvindo o rádio para ver se haviam cancelado as aulas do dia seguinte.

Em dias como essa manhã de Natal, em que os homens do tempo obviamente se enganaram, eu ficava frustrado e perguntava a papai como, com toda a tecnologia disponível, não conseguiam afirmar se iria ou não nevar. Era uma pergunta retórica, mas certa vez ele me deu uma resposta que nunca esquecerei.

— Eddie — disse ele —, se eu assasse o pão tão bem quanto esses idiotas preveem o tempo, nossa padaria iria à falência, e jamais teríamos um pedaço de pão em casa.

Contive-me para não rir. Demorou um pouco até papai perceber o que acabara de dizer. Ele fez uma pequena pausa, viu o sorriso no meu rosto e disse:

— Bem, se fosse assim, continuaríamos sem pão, mas você também não teria nenhuma bota confortável para usar.

Essa foi uma das poucas vezes em que ri das minhas botas de padeiro.

Nas raras ocasiões em que os meteorologistas acertavam, papai acordava-me pela manhã assim que voltava da padaria, após fritar os sonhos. Só o que ele precisava dizer era "Eddie, olhe!", e eu pulava da cama e debruçava-me no parapeito da janela. Papai colocava a mão sobre minha cabeça, e ali permanecíamos em silêncio contemplando o cair da neve.

Houve uma tempestade de neve de que jamais me esquecerei. Começou na parte da tarde, e à noite nevava tanto que as aulas do dia seguinte já haviam sido canceladas. Mamãe, a Grinch, não podia acreditar. "Como podem cancelar as aulas com tanta antecedência? A neve pode parar a qualquer momento. Isso é uma loucura!" Papai e eu tentamos ignorá-la. Formávamos um minigrupo de apoio à neve e não queríamos que ela estragasse nossa festa.

Depois de escurecer, resolvemos dar uma passada na loja de artigos eletrônicos, que ficava em uma esquina, a cerca de três quarteirões de casa. Entramos na garagem pela porta dos fundos, onde ficava nossa grande caminhonete Impala vermelho-escura 1972 com painel imitando madeira. Papai comprara o carro "quase novo" em 1974 e ficara bem orgulhoso quando chegou com ele em casa pela primeira vez.

Nosso Impala era o carro perfeito para uma criança, pois era "moderno" e cheio de "tecnologia". A porta traseira não batia como a das outras caminhonetes, porque era curva e elétrica. Bastava apertar um botão para a janela desaparecer como mágica para dentro do teto, e a porta traseira sumir para dentro do chão. Tinha até uma terceira fila de assentos voltada para trás. O Impala, que parecia um tanque de guerra, provavelmente não era o melhor carro para se ter no auge da crise petrolífera, mas talvez tenha sido por essa razão que tivemos a chance de comprá-lo.

— Não vamos de carro! — exclamou papai, ao ver que eu caminhava até ele. Em seguida, abaixou-se e puxou a maçaneta de metal da porta da garagem. — Vamos a pé.

Quando a porta se abriu de um estalo, era como se contemplássemos um mundo de fantasia. A neve continuava caindo, tão leve, tão fofa que tocava o solo como um sussurro. O ar, fresco e revigorante, possuía apenas um levíssimo traço de fumaça vindo da lenha das lareiras que mantinham os vizinhos aquecidos.

As luminárias da rua conferiam um brilho surreal e tranquilo. Tínhamos a impressão de que a neve caía muito mais forte no halo das lâmpadas do que em qualquer outro lugar, mas eu sabia que era ilusão.

De mãos dadas, papai e eu descemos em direção à rua. Instintivamente tentei virar para a calçada, mas ele encaminhou-me para o asfalto. Eu não disse uma palavra.

Andamos pelo meio da estrada, ainda de mãos dadas, sem avistar nem mesmo um carro. Cada vez que passávamos debaixo de um poste de luz, eu olhava para cima e via o brilho amarelado sobre a fina camada de neve no pesado casaco de lã do meu pai. Olhávamos um para o outro e sorríamos — não havia nenhum Grinch por perto para estragar nossa diversão.

Tudo era perfeito. Na verdade, era tudo muito perfeito — e eu deveria ter percebido que não duraria muito.

Sentia-me tão desanimado com a falta de neve naquela manhã natalina que nem percebi como o chão estava frio. Calcei meus chinelos — um presente do Papai Noel do ano anterior — e desci a escada. Pela primeira vez na manhã de Natal eu não estava indo arrastar a mamãe para fora da cama.

A preguiça deu lugar à expectativa, e meu coração começou a disparar. As visões da minha nova bicicleta me consumiam. Sabia que, como tinha feito uma promessa a Deus para ganhá-la, aquele seria o ano em que eu finalmente receberia exatamente o que merecia. Esperei pacientemente por muito tempo, vendo cada um dos meus amigos ganhar a bicicleta que pediram. Agora era minha vez. Mamãe estava certa. Os braços Dele estavam à minha volta, e depois de tudo o que aconteceu, estavam prestes a me entregar o único presente que me podia fazer feliz.

A música natalina entoava na grande vitrola da sala de estar. Podia sustentar oito discos diferentes. Quando um acabava, o braço da agulha levantava-se, e o disco seguinte caía no prato. Nessa manhã, todos eram da série natalina da Firestone. Acho que os ganhamos de brinde no ano em que compramos os pneus do carro.

Quando entrei na sala, ouvi Julie Andrews e minha mãe cantarem juntas: "Eles sabem que o Papai Noel está a caminho, com brinquedos e presentes em seu trenó carregadinho."

— Feliz Natal, Eddie! — Fui descoberto. Mamãe dançava pelo chão da cozinha. Enxugou as mãos no avental e estendeu-me os braços, convidando-me para um abraço de Natal.

— Feliz Natal, mamãe! — disse eu, quando lhe dei um meio abraço de 12 anos de idade. Eu não queria ficar com meu pijama coberto de farinha de panqueca e sabia que se a deixasse me abraçar por inteiro, seriam cinco minutos para me desvencilhar.

Escapei o mais rápido possível e corri para a árvore no canto da sala. Ela cintilava com apenas um fio de luzes, que era muito longo para a pequena sempre-viva. Guirlandas de pipoca e lâminas imitando pingentes de gelo ligavam os enfeites de vidro, madeira e papel. Poucos haviam sido comprados. Muitos enfeites eram fruto de trabalhos da escola ou de atividades da família, mas a maioria mamãe tinha feito ao longo dos anos.

Percorri com meus olhos treinados a saia verde na base da árvore onde mamãe bordara a cena da festa natalina. Havia alguns presentes que não estavam ali na véspera e outro que não reconheci na Operação Prévia Clandestina. Nenhum deles era grande o bastante para uma bicicleta, mas eu ainda nutria grandes esperanças. Eu sabia que mamãe tinha muito do vovô e certamente me faria passar pelos mesmos jogos de gato e rato engendrados por ele. Alguns anos atrás ela esperou que eu abrisse todos antes de apontar para o meu último presente pela janela dos fundos: um novíssimo trenó envolvido em um grande laço.

Com um Natal maravilhoso ainda fresco em minhas lembranças, comecei a pensar em como mamãe tinha escondido meu presente. Eram inúmeras as possibilidades, mas meu palpite era que ela provavelmente havia embrulhado uma foto da bicicleta e escondera a de verdade na garagem. Combinava perfeitamente com ela — podia continuar a me fazer adivinhar e não desperdiçava papel de embrulho, algo com que ela parecia se preocupar.

Apanhei um presente para ver o pacote de trás, esperando encontrar um embrulho até então desconhecido para poder sacudi-lo.

— Esse é para mim? — cantarolou mamãe.

Ela era muito rápida.

— Ah, é, Feliz Natal. — Virei-me, vacilante, e entreguei-lhe o presente que paguei colhendo amoras durante o verão na fazenda do meu avô.

Cuidadosamente, ela abriu o embrulho malfeito.

— Luvas! — exclamou com um entusiasmo exagerado para eu acreditar nela. Então, seu rosto ficou com ar pensativo, e ela disse docemente: — Eu estava precisando mesmo de luvas novas. São perfeitas, querido. Obrigada.

Eu nem a escutei, pois me ocupava em pegar o outro presente da minha mãe. Encontrei-o e entreguei a ela.

— Este é meu outro presente para você.

— Ah, nossa, outro? — disse ela, enquanto pegava a pequena caixa retangular. Dentro havia um cartão escrito à mão e uma barra de chocolate. — "Feliz Natal, mamãe." — Leu em voz alta. — Você é tão doce quanto este chocolate. — Ela riu. — Eddie, você comprou isso sozinho?

— Comprei — respondi com orgulho. — Achei que você poderia comê-lo ou fazer biscoitos com ele.

— Você sabe o que é chocolate amargo?

— É chocolate para fazer doces, não é? — respondi.

Mamãe sorriu pensando em quanto eu gostava de doces, embora não tivesse prestado atenção em nada do que papai dissera sobre como produzi-los.

— É, querido, mas ele não é muito... — interrompeu o que dizia e sorriu, como se fosse o melhor presente de Natal da sua vida. — Você, você é o menino mais doce, quer dizer, o rapazinho mais doce que jamais existiu. — Depois ela abriu a embalagem e comeu um quadradinho, apertando um pouco os olhos e fazendo careta. — É o melhor chocolate que já comi.

Aproximou-se e me abraçou, durante o que me pareceu uma eternidade.

— Minha vez? — perguntei ansiosamente.

— Sua vez, meu amor.

Abri primeiro os presentes que eu, bem, já tinha aberto. Esforcei-me para demonstrar surpresa enquanto suspendia cada um deles para mostrá-los à mamãe: luvas de tricô feitas por minha prima, uma bola de beisebol de um tio que eu não via há anos e um saco de balas que certamente era igual ao que eu não comera no ano anterior. Fiquei me perguntando se mamãe não me dava o mesmo saco todos os anos, desde que eu tinha 4 anos.

"Finalmente." Só restava um pacote. Era uma caixa grande, mas muito leve. "Por favor, Deus", pensei, "faça com que seja uma câmera Polaroid ou mesmo um recibo ou um cartão escrito por ela". Na verdade, eu esperava *não* encontrar uma espingarda ou um par de *walkie-talkies*. A bicicleta era o único presente em mente. O único que me faria verdadeiramente feliz.

Mamãe enfeitara a caixa com um grande laçarote e uma fita igual à do meu presente de aniversário. Rasguei o papel de presente de renas e flocos de neve até restar uma simples caixa marrom. Meu coração disparou enquanto eu levantava lentamente a tampa e afastava o papel de seda branco amassado.

Era um suéter.

— Gostou? — perguntou mamãe, enquanto eu olhava para o presente, incapaz de falar. Mexeu-se na poltrona e cruzou os braços à espera da minha resposta.

Sustentando meu último suspiro de esperança, desdobrei o suéter, torcendo para que houvesse algo dentro dele que me levasse à bicicleta. Sacudi-o de um lado para o outro tanto quanto pude sem parecer óbvio, mas nada aconteceu. Foi quando percebi que não haveria bicicleta — apenas um suéter horroroso, feito à mão.

— Gostou? Gostou mesmo? — Mamãe achava que meu silêncio traduzia uma alegria indescritível.

Um suéter horroroso, feito à mão. Não era uma bicicleta.

— Claro, mamãe, gostei muito. — Pensei que fosse chorar. Achei que tinha o direito de chorar, mas era uma espécie de tristeza que não incluía lágrimas. Se eu não tivesse me empenhado tanto o ano todo, se não tivesse pensado na bicicleta cada segundo que passei acordado na vida, se não tivesse prometido a Deus que *faria por merecê-la*, então talvez não tivesse percebido como a cor da lã combinava perfeitamente com os pontos coloridos do saco de pão que usava sobre as botas. Mas eu fiz tudo aquilo e logo percebi.

— Desculpe pela bicicleta, querido — a voz da minha mãe era doce e delicada demais para o que eu sentia. — O conserto do telhado foi muito maior do que eu esperava. Sei que você compreende. Talvez eu consiga economizar para lhe comprar uma linda bicicleta no ano que vem.

Eu compreendi muito bem. Compreendi que sempre seríamos a família pobre, e eu, o menino pobre com botas cobertas por sacos plásticos e sem bicicleta.

Abaixei os olhos para o suéter e senti a temperatura do meu corpo aumentar, como se já o tivesse vestido. Não sabia quem me decepcionara mais: mamãe, por não ter comprado o que eu merecia; papai, por não zelar por mim como deveria; ou Deus, por ignorar minha promessa. Meu desapontamento era tamanho que me esqueci de colocar a gola debaixo do queixo como se tentasse experimentá-lo.

— Espero que dê! — disse mamãe, tentando lembrar-me de fazer a "coisa do queixo".

— Tenho certeza que sim — respondi sem entusiasmo.

Mamãe finalmente se levantou, apanhou o suéter e segurou-o em minhas costas. Pressionou os dedos em meus ombros enquanto verificava o tamanho com o contorno do meu corpo.

— Ah, claro que dá — disse ela. — Com a rapidez com que você está crescendo, vai caber direitinho no próximo outono! — Ela ficou bem satisfeita.

Só consegui murmurar uma meia resposta.

— Obrigada, mamãe, é genial.

— É exatamente igual àqueles caros vendidos nas lojas — disse com orgulho, tentando combater o óbvio desapontamento que involuntariamente se espalhou pelo meu rosto. — Pedem quase quarenta dólares por um suéter tricotado à mão. Não podemos pagar isso, é claro, mas consegui juntar o suficiente para comprar uma boa lã. — Parou de falar e olhou para mim, como se estivesse sem graça por ter de explicar seu presente.

— Mamãe, é genial. De verdade. Eu estava precisando mesmo de um suéter. — Eu não conseguia superar minha decepção ou olhar além de mim mesmo a fim de enxergar o que o presente significava para ela.

Voltei a pensar no bilhete que mamãe havia deixado para mim debaixo da sua cama. Ela estava certa. Eu deixei "escapar" meu presente. Ela o tricotou bem debaixo do meu nariz todas as noites, obrigando-me a assistir a *Os pioneiros*.

(Ela achava o papai Ingalls atraente, e eu tinha de aguentar por causa disso.) Agora tudo fazia sentido: um ridículo presente feito à mão enquanto via uma também ridícula série de TV. Eu podia apostar que meus amigos tinham recebido os presentes que queriam, e que podiam assistir às séries de que gostavam, tal como *Starsky & Hutch*.

Minha decepção com a neve da manhã parecia trivial se comparada com o aborrecimento pelo meu presente. "Você é um idiota", pensei com meus botões. "Deveria ter percebido. Deveria tê-lo visto se aproximando."

Pela primeira vez, mamãe olhava-me com olhos surpreendentemente difíceis de ler. Será que estava aliviada por eu parecer tão satisfeito, ou conseguia ver o que estava por trás da minha atitude? Para falar a verdade, naquele momento eu não me importava com nada e sabia que não poderia manter a falsidade. Precisava escapar.

— Vou até meu quarto para guardá-lo. Já volto. — Senti uma ardência conhecida e implacável voltar aos meus olhos. Corri para cima, antes que mamãe pudesse ver minhas lágrimas.

Cinco

A janela do meu quarto dava para a frente de casa. Antes da minha espichada adolescente, eu ficava de pé próximo ao parapeito, apoiava os cotovelos e descansava o queixo nas mãos.

Naquela manhã de Natal, minha altura já não me permitia fazer isso. Recuei um pouco, firmei as mãos no parapeito e inclinei-me até apoiar a testa na vidraça gelada. Minha pele queimava, mas eu merecia aquela dor.

A neve finalmente começara. Eram flocos grandes, bonitos, e a fina cobertura branca na rua indicava que já caía há algum tempo. Acho que estava muito ocupado sentindo pena de mim mesmo para reparar.

Estava quase me afastando da janela quando vi uma menininha do outro lado da rua em sua novíssima bicicleta. Seu pai andava ao lado, como se não confiasse nas rodinhas sobre o asfalto escorregadio. Meus olhos começaram a arder novamente, junto com minha testa.

Atravessei o quarto e joguei-me na cama. Luke Skywalker provocava-me com a lembrança de um grande presente de Natal. As imagens da menina na bicicleta continuavam em minha mente. Via as rodas girando sem parar, enquanto ela pedalava como se fosse a menina mais livre do mundo. Livre para pedalar até duas, três, talvez quatro casas adiante. Livre.

Olhei fixamente para o teto. Estava imundo. Havia goteira no telhado sempre que chovia, e a água ensopava o reboco, deixando-o cheio de nódoas e rachaduras. Nada em minha vida era perfeito. As outras crianças tinham bicicletas novas, pai e mãe, e tetos sem goteiras. Não era justo.

— Eddie! — gritou mamãe do corredor, enquanto a porta do meu quarto se abria. — Já olhou lá fora? É o presente do papai para você... é um milagre de Natal! Não nevava assim desde...

Continuei fitando o teto, incapaz de olhar para ela. Sabia que meu rosto me trairia. Depois de alguns segundos de silêncio, sentei na cama para ver o que acontecia. Mamãe olhava para o chão perto da cômoda.

— Esse é o seu suéter? — perguntou em voz baixa.

Eu o jogara ali sem pensar. Estava todo enrolado, como algo que se joga no lixo.

— Desculpe. Devia ter guardado — disse docilmente, levantando-me da cama.

— Parece que você já o guardou — respondeu ela. A dor em sua voz e o desapontamento em seu rosto me surpreenderam. Após alguns instantes de silêncio, desviou seus olhos do suéter ao encontro dos meus. — Por favor, não trate seu presente dessa maneira.

Eu sabia que tínhamos pouco dinheiro, porém até então nunca havia percebido como esse fato era difícil para minha mãe. Na minha cabeça, via mamãe passando pelas bicicletas novas todos os dias, sabendo qual delas eu queria e consciente de que não podia comprá-la. Eu a imaginava olhando para os suéteres que, além de eu não querer, ela não podia comprar, escolhendo a lã e tricotando todas as noites, tentando convencer a si mesma de que eu iria entender e gostar daquele suéter tanto quanto de uma bicicleta nova. Nunca consegui compreender seu coração.

Fiquei ali, sem graça e em silêncio, observando minha mãe pegar o suéter com muita delicadeza, como se fosse um animalzinho machucado. Dobrou-o lenta e caprichosamente e colocou-o em cima da cômoda. Ficou ali por um instante, alisando-o com as mãos, como se esticasse pregas que não existiam.

Eu realmente não fazia ideia de quanto minha mãe acreditava na magia do Natal, até que vi essa magia morrer para ela em um suéter jogado no chão do meu quarto.

Mamãe fechou a porta sem dizer mais nada. Meus olhos recomeçaram a arder. Voltei à janela, na esperança de que a neve pudesse me animar. E novamente encostei a cabeça na vidraça gelada. A menina do outro lado da rua sumiu, assim como a neve. Uma nevada derradeira bailou lentamente em direção ao chão. Parecia tão tristonha e solitária quanto eu.

Então começou a chover.

No início da doença do meu pai, mamãe e os amigos mais próximos tentaram manter a City Bakery funcionando. Apesar de terem se esforçado bastante, rapidamente ficou claro que papai era um excelente padeiro. Uma receita podia ser uma simples lista de ingredientes e instruções, mas havia muito mais em suas criações do que apenas um amontoado de palavras num punhado de páginas velhas besuntadas de gordura.

Quando papai morreu, em pouco tempo mamãe vendeu a padaria, o que era inevitável. Há anos o comércio da cidade padecia lentamente. Não sei quanto ela lucrou com o negócio, mas não deve ter sido muito porque, mesmo após receber o valor da negociação, eu continuava sem permissão para pedir leite quando comíamos fora. É provável que grande parte do dinheiro tenha servido para as despesas médicas do papai.

Jamais pensei que sentiria falta da padaria. Não de limpar as vasilhas nem de varrer o chão, mas de estarmos juntos. Ainda que estivéssemos trabalhando, trabalhávamos *juntos*. Não percebera nada disso até que tudo acabou.

Durante muito tempo, mamãe evitou passar em frente à padaria após tê-la vendido. Ouvi que tinha virado uma sapataria. Apesar de ter acreditado, era difícil imaginar alguém experimentando um par de sapatos de salto alto no mesmo lugar em que meu pai costumava quebrar ovos e sovar massas.

Na época em que mamãe vendeu a City Bakery, também se desfez do carro e da casa. Para mim, seu objetivo era zerar tudo e recomeçar de um jeito diferente. O Impala foi trocado pela caminhonete Ford, e nossa casa, substituída por uma pequena casinha branca, cuja garagem tinha basicamente o dobro do tamanho do interior da casa.

Eu não gostava de todas aquelas mudanças, mas pelo menos a caminhonete não trazia o aroma da colônia Old Spice impregnado no tecido do seu encosto de cabeça, e a casa nova não exalava o delicioso cheiro do bolo alemão de chocolate do papai.

Pensar em todas aquelas mudanças só fazia aumentar minha tristeza. Se papai ainda estivesse vivo e fosse o dono da padaria, ele teria dinheiro suficiente para comprar minha bicicleta. Isso não era justo. Por que eu estava sendo punido?

Depois de cerca de uma hora contemplando a chuva, voltei para o andar de baixo. Mamãe estava na cozinha.

— Sobrou alguma coisa para almoçar? — perguntei, esperando que pudéssemos fingir que nada acontecera.

— Agora não dá mais tempo. Vamos para a casa dos seus avós um pouco mais cedo. Vá vestir o suéter; sua avó me ajudou a escolher a lã e o modelo e está ansiosa para ver você com ele. — Falou sem nenhuma alegria. Tal como eu, ela aparentemente resolveu fingir que o incidente com o suéter não tinha acontecido.

Eu *não* queria ir à fazenda do meu avô e *não* queria usar algo certamente quente e desconfortável e que, além de não ser uma bicicleta, ainda pinicava.

Voltei para o meu quarto e vesti o suéter. O espelho atrás da porta chamou minha atenção. Fixei os olhos na imagem. O que eu estava fazendo? Olhei para mim mesmo dentro daquele presente que tinha dado tanto trabalho à minha mãe e do qual ela tanto se orgulhava. Queria gostar dele, mas não conseguia.

Saí do quarto, bati a porta e zanzei pela casa sem fazer silêncio. Lembrando as lições do meu avô, tentei criar certo tumulto para me fazer notar, mas não a ponto de me meter em confusão.

Não funcionou.

Mamãe entregou-me dois sacos de pão e olhou para mim de um jeito que não ousei tentar entender. Nunca me ocorreu que ela conhecia os truques do seu pai muito melhor do que eu jamais conheceria.

Seis

— Só vou dizer uma vez, Edward Lee. Quando chegarmos à fazenda, você será um menino num dia de Natal muito feliz. Está claro?

Quando mamãe pronunciava corretamente meu primeiro nome, era sempre mau sinal. Pior ainda era quando usava o primeiro e o nome do meio. Era sinal vermelho.

— Claro — respondi laconicamente enquanto olhava pela janela traseira da caminhonete. Nunca consegui entender por que mamãe levava o mesmo tempo dirigindo para ver meus avós e para lhes fazer a visita. Levávamos uma hora e meia para ir, outra hora e meia para voltar e raramente ficávamos mais do que duas horas na fazenda, a menos que fôssemos passar a noite.

Exceto pelo barulho da chuva e da água espalhada pelos pneus, passamos a maior parte da viagem em silêncio. Mamãe olhava para a frente. Nem sequer me olhou pelo espelho.

O rádio entoava uma canção de Natal dos Carpenters, mas parecia deslocada, como se estivéssemos em julho. Mamãe estendeu o braço e abriu um pouco a janela, de modo que o ar frio e úmido invadia o carro. O ar quente só tinha duas posições: desligado e fornalha. Eu não sabia se era sono ou se ela estava com pena de mim em meu suéter de lã.

Enquanto avançávamos, as casas distanciavam-se umas das outras, até que finalmente avistei a primeira de uma série de fazendolas na mesma rua de meus avós. Uma delas estava vazia. Havia grandes falhas na cerca de madeira, um gramado há muito sem cortar e uma velha casa de fazenda aparentemente abandonada. Acho que vi uma réstia de luz em uma das janelas quebradas.

"Não. Deve ser um reflexo. Quem viveria em um lugar assim?"

Menos de um minuto depois, vi os tufos de hortênsias da vovó e o velho arado que o vovô colocou na entrada de carros para marcar sua pequena fazenda de framboesas e galinhas. Mamãe virou, e o som dos pneus esmagando o cascalho molhado entrou pela janela.

O motor sempre continuava a funcionar por alguns segundos depois de ser desligado. Eu brincava de sair do carro antes de o barulho parar, mas dessa vez esperei que mamãe saísse antes.

— Feliz Natal, Mary!

— Feliz Natal, mamãe! — respondeu ela. Tive a impressão de que sua voz suavizara-se desde a última vez que falara comigo.

— Feliz Natal, Mister Eddie — implicou vovô. Ele sempre ria quando me chamava assim. Eu não entendia a razão até que minha mãe me fez ver a reprise de uma antiga série de TV, sobre um personagem que conversava com seu cavalo. Mas será que ele chamava o cavalo, o Mister Ed, de "Mister Eddie"? Acho que não.

— Oi, vovô — resmunguei. Estava me esforçando bastante para manter meu azedume, mas com ele era difícil.

— Que suéter *bonito*! — exclamou vovó ao pegar-me pelos ombros. Felizmente, ela não era do tipo que apertava as bochechas. — E que tricô bem-feito. — Dirigiu um rápido olhar de aprovação para minha mãe. — Gostou dele, Eddie?

Relancei os olhos à mamãe. Ela olhava para mim, sem expressão, à espera do que eu diria. Depois de considerar rapidamente todas as respostas possíveis, disse:

— Legal. Um pouco desconfortável... pinica... sei lá. Mas é bonito. Gostei.

O olhar frio de minha mãe fez com que o breve percurso até a porta da frente parecesse um quilômetro. Seus olhos monitoravam-me de novo.

Meu avô era um homem grande com o cabelo cor de neve. Era mais branco do que cinza, mas não como o de uma pessoa idosa. Durante anos, pensei que ele fosse o Papai Noel. Meus avós tinham a mesma idade, mas ela possuía um bonito cabelo castanho com apenas uns poucos fios grisalhos. "Um milagre da ciência moderna", vovô gostava de dizer.

Sentei no velho e confortável sofá à frente da lareira, e vovô sentou em sua cadeira, enquanto mamãe e vovó trabalhavam na cozinha. Vovô não sabia, mas mamãe e eu a chamávamos de "cadeira de contar história", porque ele não conseguia se sentar nela sem contar alguma história impressionante de seu passado. O problema é que vovô era tão bom em misturar fatos e ficção que quase ninguém, nem mesmo ele, tinha realmente certeza do que era verdade. Pedir-lhe para recontar uma história só piorava as coisas. "Vovô", pedi-lhe certa vez, esperando que confirmasse uma história que eu ouvira anos antes, "você realmente ajudou a construir o veículo lunar?".

Ele adorava responder a uma pergunta com outra pergunta. "Alguma vez menti para você?", replicava, certificando-se de que, se tivesse contado a história "de brincadeira", não mentiria agora ao confirmá-la. Era o sistema perfeito. Nem minha avó parecia saber mais o que era verdade. Quando eu lhe pedia para confirmar uma das histórias do vovô, ela dizia simplesmente "pode ser". Vovó não se esquivava nem concordava; apenas não sabia mesmo. "Pode ser" era a melhor resposta, quer dizer, a única resposta que ela podia dar honestamente.

Às vezes vovô começava a tramar uma história e, depois de algumas frases, vovó demonstrava sua desaprovação dizendo seu nome: "Edward!" Vovô então abaixava a voz e dizia para eu chegar mais perto de sua cadeira. O processo repetia-se durante toda a história até que, no fim, eu estava sentado aos seus pés, olhando para cima com admiração, enquanto ele cochichava uma mentira atrás da outra.

— Vovô, você fez mesmo essa casa inteira sozinho?

— Fiz, na verdade, sem nenhum martelo e só com duas...

— EDWARRRRRD! — gritou vovó da cozinha. Nunca entendi como ela podia ouvi-lo de tão longe. Mamãe costumava dizer que vovó tinha olhos atrás da cabeça, e eu imaginava que ela também possuía ouvidos nos outros cômodos da casa.

Enquanto meu avô estava sentado em sua cadeira à minha frente, passando a mão no queixo em uma tarde chuvosa de Natal, torci para que ele contasse uma nova história. Não me importava, ele podia inventar o que quisesse; eu só não queria mais pensar em suéter, bicicleta, nem no papai.

Infelizmente, ele tinha uma outra ideia.

— Então, Eddie, você está pronto para tentar me derrotar no jogo de damas chinês?

Jogo de damas chinês? Que diabos estava acontecendo? Ou meu avô tinha raspado o último centavo do pessoal com quem jogava cartas ou então buscava testar seu sistema em um jogo diferente. Arrisquei insistir no assunto.

— Por que não quer jogar cartas?

— Cartas? — Vovô desviou os olhos rapidamente, um sinal de que estava prestes a armar alguma coisa. — Não consegui achar meu baralho. Além disso, esse jogo de damas é mais divertido. Não tem nenhuma matemática.

Matemática? Aparentemente o sistema do meu avô era ainda mais complicado do que pensei. Mas, nessa altura, a verdade é que nenhum jogo me parecia muito divertido.

— Não, vovô, obrigado.

— Algo errado, Eddie?

— Não, é que não parece Natal. Talvez seja a chuva.

— Hum. Não é Natal? Acho melhor me livrar daquela árvore — disse ele, com um sorriso muito mais amoroso do que eu merecia.

Estava pensando em lhe contar o que havia acontecido naquela manhã, em como recebi um suéter em vez da bicicleta que eu merecia. Se havia alguém que podia entender minha decepção, era o vovô. Imaginei que, se tudo corresse bem, talvez pudesse me desculpar com minha mãe pelo meu comportamento. Os noventa minutos de silêncio no carro até lá tornaram a viagem tão longa que pensar em aguentar uma viagem igualmente silenciosa na volta era quase insuportável.

Eu estava a ponto de contar a história ao vovô quando observei a árvore de Natal. Não era do meu feitio não tê-la notado antes e feito uma minuciosa investigação. Embaixo dela havia apenas alguns presentes.

Vovô me pegou olhando para ela.

— Você bem sabe que a vovó não os coloca ali.

Estava perdido em meus pensamentos e mal ouvi o que vovô disse. Virei-me para ele.

— O quê?

— Sua avó. Ela acha que você e eu mexemos nos presentes, por isso não os coloca mais debaixo da árvore. Esconde tudo.

— Por que ela pensa isso? — Um rápido sorriso involuntário invadiu meu rosto. Eu não era tão experiente em mentir quanto o vovô.

— Não faço a menor ideia. — O rosto dele nada revelava. — Só sei o seguinte: se os piratas escondiam seus tesouros do jeito que sua avó esconde os presentes, todos devem ter ido à falência. Vou ganhar umas meias e um cinto novo para ferramentas.

Não sei por que fiquei surpreso, mas fiquei.

— E eu? O que vou ganhar?

— Ah, não sei, Eddie. Sei que você vai ganhar um pijama, mas ela ainda nem o embrulhou. Acho que ela vai guardar direto em sua cômoda. — Meu avô desviou o olhar. — Fora isso, não consegui achar nenhum de seus presentes. Será que você se incomoda em me ajudar a trazer mais lenha?

— Não, não me incomodo. — Era realmente difícil negar alguma coisa a meu avô, e impossível fazer isso duas vezes seguidas.

Caminhamos pesadamente pelo que restou da neve derretida, até uma longa pilha de lenha. Surpreendi-me ao me divertir tentando esconder inteiramente minhas pegadas dentro das de meu avô. Não era difícil. Eu tinha a impressão de que seus pés eram quase três vezes maiores do que os meus.

— Vovô — disse baixinho —, o que você quer dizer com "não consegui achar seus presentes"?

Ele ignorou minha pergunta enquanto empilhava pedaços de lenha em meus braços, certificando-se de colocar um a mais do que eu conseguiria carregar sem dificuldade. Pôs um único pedaço debaixo do braço, enfiou as mãos nos bolsos do casaco e seguiu-me de volta a casa.

— Vocês estão *aí* — disse minha avó, enquanto abria a porta para mim. — Começamos a achar que tinham se perdido.

Vovó sabia melhor do que ninguém que vovô *nunca* se perdia. É claro que normalmente ele não estava no lugar em que todos pensavam que estivesse, mas sempre sabia onde estava e, o mais importante, por que estava lá.

Vovô piscou para mim.

— O que você quer dizer com isso, querida? Eddie e eu fomos buscar um pouco de lenha.

— Achei que tivessem ido à cidade sem avisar — respondeu com um sorriso.

Sempre que eu ia à fazenda, vovô arrumava qualquer desculpa para me levar à cidade. Conseguia transformar a mais simples tarefa em uma aventura para encontrar a área nebulosa entre a letra e o espírito da lei da vovó. Alguns verões atrás, vovó pediu-lhe para comprar alguns sacos novos para o aspirador de pó, e eu fui junto. Em vez de ir à loja que ficava a cerca de dez minutos da fazenda, vovô levou-nos a uma do outro lado da cidade. Não demorei muito para encontrar a razão: lá havia sorvetes deliciosos.

Voltamos três horas depois. Vovó nem precisou perguntar o que tinha acontecido; nossos bigodes cobertos de sorvete nos entregaram. Antes que ela pudesse dizer uma palavra, vovô puxou os sacos do aspirador e deu-lhe um grande abraço. Era mesmo difícil zangar-se com ele.

Um sorriso invadiu meu rosto enquanto me lembrava daquela excursão.

Mamãe estava atrás da vovó, usando um de seus aventais de algodão quadriculados. Viu-me sorrir e sorriu de volta.

Como uma criança de 12 anos, ergui idiotamente um outro muro e agi como se ainda não estivesse pronto para ceder.

Olhei para além dela.

Se o meu avô era o rei das histórias, a mesa de jantar era sua corte. Era sempre divertido, mas como vovó nos fazia esperar até o fim do jantar para abrir os presentes, vovô procurava contar histórias mais curtas. Ele queria ir até a árvore tanto quanto eu.

Este ano vovô parecia estar com uma pressa excepcional. Mamãe e eu sabíamos que ele estava armando alguma coisa, mas ninguém conseguia adivinhar o que seria dessa vez. Finalmente, no meio do jantar, vovó se aborreceu com tanta exaltação. Virou-se para ele e disse em voz baixa:

— Amanhã, Edward. — O rosto do vovô revelou seu desapontamento.

Depois do café, fomos à sala íntima. Vovô sentou-se em sua cadeira de contar histórias, e mamãe e vovó, no sofá. Fui direto para a árvore. Como sempre, eu tinha recebido o gorro do Papai Noel e era eu quem devia distribuir os presentes. Comecei a trabalhar imediatamente.

— Este é seu, vovô — disse eu, enquanto levava para ele um presente estranhamente leve. "Leve como meias", pensei. Vovô piscou para mim quando coloquei o pacote aos seus pés.

Cada vez que eu pegava outra caixa debaixo da árvore, esperava encontrar meu nome escrito na etiqueta — o que aconteceu apenas duas vezes. Até mamãe recebeu três presentes.

Devagar, comecei a desembrulhar meu primeiro presente e percebi uma pequena bolha no pedaço de fita adesiva que fechava um dos lados. Vovô. Olhei para ele a fim de lhe dar minha versão de "sei que foi você", mas ele ignorou meu olhar e concentrou-se no pacote que ganhou.

Pelo tamanho de meus dois presentes, percebi que nenhum deles continha uma bicicleta, mas mantive a esperança — como quando abri meu suéter naquela manhã. "E se vovô tivesse embrulhado uma foto da bicicleta?" Jamais duvidei da sua imaginação, mas tinha de admitir que estava passando dos limites.

— Meias! — Meus pensamentos foram interrompidos pelo grito exagerado vindo do outro canto da sala. Nossa, ele era bom nisso.

Enquanto a maioria das pessoas na TV rasgava o embrulho, amassava-o como uma bola e atirava-o na cesta de lixo, sempre tínhamos de abrir os presentes lenta e cuidadosamente para que pudéssemos reutilizar os pacotes no ano seguinte. Nesse ano, cada lembrança fora embrulhada em um papel com apenas dois anos menos que eu.

Ao mesmo tempo que eu detestava todo aquele processo por tornar mais lenta a abertura dos presentes, isso ajudava a encobrir qualquer falha, minha e de meu avô, durante nossas "prévias". Se por acaso rasgássemos uma ponta do papel ou estragássemos um pedaço de fita adesiva, sempre se podia culpar o programa obrigatório de reciclagem.

Peguei uma das caixas com meu nome. Não estava nem mesmo embrulhada. Puxei lentamente a fita, levantei a tampa e tirei o papel de seda. Meu coração disparou de ansiedade. Se havia alguém que podia embrulhar uma pista para uma busca ferrenha que terminasse com uma bicicleta, era o meu avô.

Minhas mãos tremiam de excitação. Olhei para o vovô, e ele exibia um sorriso largo, como se tivesse a minha idade. Era bom sinal.

Rasguei a última camada de papel de seda até finalmente chegar ao presente: um pijama feito em casa e um par de sapatilhas da mesma lã de meu suéter.

Fantástico. Enganaram-me de novo.

Sem querer repetir o incidente do suéter, estampei a maior satisfação em meu semblante.

— Obrigado, vovó, são muito bonitas. Combinam perfeitamente com meu suéter. — A essa altura eu já estava ficando bom em fingir animação.

— Com certeza... Sua mãe e eu dividimos a lã. Fizemos um bom negócio!

— Um cinto de ferramentas! — Ouvi o vovô do outro lado da sala. — Que bela surpresa! Exatamente do que eu precisava!

O dia revelava-se um desastre, e eu não queria prolongá-lo. Apanhei meu último presente, me sentindo como no filme *A fantástica fábrica de chocolate* — quando Charlie Bucket abriu o único tablete de chocolate Wonka que seus pais podiam comprar e torceu para encontrar um convite dourado —, mas sabia que as chances estavam contra mim.

Olhei para a etiqueta e meu coração desabou. Era de minha tia-avó, e seus presentes eram indescritíveis. Era tão louca quanto idosa, e tudo que me dava era quase sempre algo velho que pegava em sua casa e embrulhava. Houve um ano em que me deu um objeto impossível de identificar. Vovô jurou que era um cinzeiro que já tinha visto em sua cozinha, mas mamãe achou que era uma velha caneca de café. De qualquer forma, não era nada do que eu quisesse. Estava agora em cima da cômoda no meu quarto, com uma moeda, uma pedra de estimação e um alfinete de segurança dentro.

Quando abri o presente deste ano, rezei para que fosse alguma coisa que eu pudesse usar. Não me desapontei; era um monte de moedinhas.

"Você deve estar brincando comigo", pensei. "Pelo menos tenho onde guardá-las."

Chovia pesadamente, e eu conseguia perceber o eco das gotas de chuva como se caíssem em câmera lenta. Toda a neve e a magia do Natal transformaram-se em poças de lama. Gostaria de poder recomeçar o dia como uma pessoa completamente diferente.

— Eddie, a vovó nos convidou para dormir aqui! — Mamãe interrompeu meu devaneio. — Podemos tomar um belo café da manhã e chegar em casa para o almoço.

Senti meu coração disparar. Sempre adorei dormir na fazenda. Vovô e eu nos metíamos em toda espécie de confusão enquanto mamãe e vovó dormiam. Certa vez, passamos duas horas misturando os temperos de cozinha da vovó e trocando-os de frasco. Canela virou páprica. Salsa virou erva-doce. Erva-doce virou noz-moscada. Noz-moscada virou alecrim. No dia seguinte, as rabanadas estavam intragáveis. Vovô e eu ríamos a cada mordida com gosto de erva-doce, e vovó insistia para que comêssemos tudo.

Eu queria passar a noite lá. Meu avô era a única pessoa no mundo que poderia me fazer esquecer aquele dia. Mas o menino de 12 anos não queria facilitar as coisas para sua mãe, depois de tudo o que ela o fez passar. Um suéter? Pijamas? Um monte de moedinhas? Aquele foi o pior Natal da minha vida. Virei-me, dirigi à minha mãe a pior expressão possível e disse:

— Não estou me sentindo bem. Quero ir para casa.

Vovô me lançou um olhar estranho.

Minha mãe esfregou a testa.

— Eddie, dormi pouco a noite passada, e você sabe que venho trabalhando em turnos mais longos na loja. Estou exausta e não quero dirigir. — Empinou levemente a cabeça e deu uma piscada de olhos que falava por si só. — Por favor, por mim?

"Não arredarei pé."

— Quero mesmo ir para casa. Tenho certeza de que muitos dos meus amigos ganharam presentes com os quais eu gostaria de brincar. — Pelo semblante da minha mãe, vi que tinha passado dos limites. Os olhos de vovô se estreitaram, e pude sentir meu rosto queimar com seu olhar.

— Sinto muito, Eddie, vamos ficar. Estou cansada para dirigir — disse minha mãe.

— Ficaremos muito felizes se nossas duas pessoas preferidas tomarem o café conosco amanhã — interveio minha avó, tentando restabelecer a paz.

Num tom mais sério do que o de costume, vovô falou:

— Acho que Eddie tem razão. Talvez vocês dois devessem voltar para casa. Afinal de contas, ele não está se sentindo bem.

Sabia que vovô jogava no meu time. Mais do que eu, ele pensava como uma criança de 12 anos.

Tentei me sair bem da confusão pensando na frente dele.

— Pensando bem, vovô, acho que mamãe está certa. Talvez devêssemos ficar. O senhor não tem de fazer algo na cidade que precise da minha ajuda amanhã de manhã? — Olhei para ele com um sorriso sarcástico, esperando reciprocidade. Mas ele não respondeu.

— Não, nada que eu não possa resolver na próxima semana. Acho mesmo que vocês dois devem ir para casa. Sei que você mal pode esperar para brincar com todos os presentes sensacionais dos seus amigos.

Xeque-mate. Abaixei os olhos, desconcertado e furioso.

Minha mãe suspirou.

— Bem, então está resolvido. — Seus olhos revelavam exaustão e resignação. — Suba e arrume suas coisas, Eddie. Preciso conversar com seus avós. Chamo quando estiver pronta para sair.

— Está bem — respondi, fingindo que nada daquilo me afetara.

— E coloque seus sacos de pão.

Corri pelas escadas. O castigo à minha mãe tinha ido mais longe do que esperava, e a expressão em seus olhos machucou meu coração. Substituí o sentimento de culpa por raiva. Raiva de Deus, da vida e da minha mãe. "A culpa não é minha", disse para mim mesmo.

Quando cheguei ao quarto, peguei os sacos de pão, mas não os coloquei. "Botas ridículas." Atirei-os no chão. Que dia asqueroso, nojento, ordinário. Eu detestava o Natal. Só queria que terminasse. Mas não estava nem perto de terminar — ainda teria pela frente uma longa volta dolorosamente silenciosa.

Tirei meu suéter de Natal e apertei-o nos braços enquanto me deitava na cama. "Que presente", pensei com sarcasmo. "Que presente perfeito." Meus olhos começaram a arder sob o peso da raiva. Enfiei a cabeça embaixo do travesseiro, torcendo para que minha mãe não me chamasse até que as lágrimas tivessem secado.

— Eddie — a voz de minha mãe subiu pela escada —, está na hora de irmos.

Resmunguei de exaustão. Vesti relutantemente meu suéter, peguei minha mochila e desci a escada. Com o braço em torno da cintura da minha mãe, vovó transmitia-lhe segurança.

— Não se esqueça de telefonar quando chegar em casa, Mary. Não quero ficar de pé, preocupada a noite toda.

Até onde me recordo, mamãe sempre telefonava para seus pais assim que chegávamos da fazenda. Como as ligações de longa distância eram caras para nós, meu avô ajudou-a a encontrar uma solução para o problema. Mamãe pedia uma ligação para a telefonista e perguntava por ela própria. Vovó respondia que sua filha acabara de sair e depois desligava. Desse modo sabia que a filha tinha chegado com segurança. Era uma ótima solução... e, como vovô costumava destacar, "inteiramente grátis e *quase* honesta".

Meus avós foram até a cozinha empacotar o que comeríamos no café da manhã. Eu podia ouvir a conversa intencionalmente abafada.

As balizas tinham acabado de ser armadas, e eu ganharia aquele jogo. Não importava como.

Sete

Percorríamos a estrada há vinte minutos sem que nenhum dos dois dissesse uma palavra.

— Você realmente se superou dessa vez, Eddie.

Pelo espelho retrovisor, via desaparecer uma sucessão interminável de fazendas. Nuvens que indicavam a aproximação de uma tempestade de inverno cobriam o sol, reduzindo-o a um tristonho círculo amarelo pálido com um halo cinzento.

— O que você quer que eu faça? — perguntou minha mãe, tentando segurar as lágrimas.

— Quero ter uma vida de verdade. — As palavras explodiram de minha boca. — Como os meus amigos. — Não consegui evitar. Despejei um dia inteiro de raiva e frustração reprimidas.

— Uma vida de verdade? Eddie, esta é a realidade da minha vida. Trabalho em quatro lugares diferentes. Parece que não durmo há dois anos. Troco de turno com as pessoas para poder estar com você em casa o máximo possível. É tudo o que posso fazer, Eddie. Estou cansada. Estou muito cansada. E sabe o que mais? Talvez tenha chegado a hora de você se tornar o homem que precisa ser, em vez de agir como um garotinho.

Mamãe nunca havia falado comigo daquela maneira. Olhei-a bem a tempo de vê-la enxugar uma lágrima. Quando voltou a falar, seu tom era mais suave.

— Sei que as coisas têm sido difíceis desde que papai morreu. Mas têm sido difíceis para nós dois. Em algum momento, a gente percebe que tudo acontece por uma certa razão. Cabe a nós descobrir qual é essa razão, aprender com ela e permitir que nos conduza ao lugar em que devemos estar, não apenas onde terminamos. — Mamãe falava devagar. — Você pode reclamar da vida ou perceber que você é o responsável por ela. Tem de escolher: vou ser feliz ou infeliz? E *nada*, nem um suéter, nem uma bicicleta, vai conseguir mudar isso.

Algo dentro de mim queria pedir desculpas e implorar o perdão da minha mãe. Em vez disso, permaneci calado.

A chuva que caíra o dia todo tinha virado uma garoa, mas a névoa dificultava a visão pela janela lateral. Olhar para a frente estava fora de questão — os olhos de mamãe poderiam estar aguardando no espelho para outra preleção. Abaixei minha janela até a metade e rezei para chegarmos rápido.

Passados alguns minutos, a igreja da vovó surgiu em meio à neblina. Digo "igreja da vovó" porque, de longe, era a pessoa mais religiosa da família. Mamãe vinha em segundo lugar, e depois não havia competição. Vovô e eu empatávamos em último lugar.

Quando era bem pequeno, eu costumava me aprontar e ir à igreja com minha mãe todos os domingos. Eu detestava. Ela me fazia sentar com as costas eretas e "escutar" uma hora inteira. Papai nunca nos acompanhava; normalmente ficava em casa ou ia jogar golfe. Costumava dizer que acreditava imensamente em *todos* os dez mandamentos, especialmente no que recomendava "descansar no sétimo dia". Mamãe sempre lhe lembrava de que o golfe não era provavelmente o que Deus tinha em mente, mas papai sorria e dizia: "Deus não está de plantão aos domingos." Parte de mim pensava que ele falava isso apenas para se sentir melhor por não nos acompanhar, mas quando via a maneira como papai tratava as pessoas e se preocupava com os necessitados, entendi o que ele queria dizer realmente: Deus está de plantão *todos* os dias.

Durante o verão, quando eu costumava ficar um bom tempo na casa de meus avós, íamos à igreja da vovó todos os domingos. Era a única época em que eu realmente ansiava por isso, porque vovô e eu costumávamos bolar jogos para passar o tempo. Após alguns anos, paramos com boa parte desses passatempos. Mas meu favorito era um jogo chamado "Prontos para Deus". A princípio vovô tentou chamá-lo de "Pulos para Jesus", mas até ele sabia que passava dos limites; então concordamos com um nome mais seguro.

As regras eram simples: cada vez que os fiéis eram convidados a sentar, levantar, ajoelhar ou cantar, tínhamos de ser os primeiros. Isso pode parecer fácil, mas era necessário adivinhar previamente. Se errássemos, não só perdíamos, mas também parecíamos ridículos — além de recebermos uma carga completa do olhar fuzilante da vovó. Hoje, relembrando, fica óbvio que foi com minha avó que mamãe aprendeu sua habilidade incomum de passar sermão com os olhos.

Quanto mais brincávamos de "Prontos para Deus", vovô e eu nos saíamos cada vez melhor e tínhamos de adivinhar com mais rapidez se quiséssemos vencer. Certa vez, vovô começou a cantar "Nas asas da águia" tão cedo que padre Sullivan parou de ler o Evangelho e olhou-o fixamente do púlpito. Não foi por acaso que essa foi a última vez em que sentamos um ao lado do outro.

Depois que vovó passou a sentar-se entre nós, as missas pareciam intermináveis, mas, com o tempo, algo estranho aconteceu: comecei a apreciá-las. Em parte porque, na igreja, sentia-me perto de meu pai. É difícil descrever, mas havia ocasiões em que eu podia senti-lo tão próximo de mim que, às vezes, chegava a escutar sua voz desafinada cantando comigo.

Quando olhei pelo para-brisa traseiro, a igreja da vovó — lugar onde me aproximava de papai — era apenas um ponto em meio à neblina. Pensei em como era estranho duas pessoas estarem sentadas a menos de meio metro uma da outra e parecerem mais distantes do que alguém que nem mesmo estava vivo.

Com a igreja além do horizonte, me virei e arrisquei um rápido olhar para a frente. Os olhos da minha mãe estavam à espera no retrovisor, embora não estivessem mais zangados, apenas cansados. Eu sabia que era uma oportunidade para lhe pedir desculpas. E tudo estaria superado. Mas ainda não estava pronto. Também estava cansado.

Cerca de dez minutos depois, caí no sono.

E mamãe também.

Acordei com o tique-taque do motor da caminhonete. Abri os olhos. Uma mistura de metal e fios retorcidos me cercava por todos os lados, como dedos furiosos, esqueléticos. Pedaços do encosto de cabeça da minha mãe estavam pendurados. Algo no painel piscava e iluminava um pequeno ponto no chão a cada segundo.

Um par de mãos fortes e pálidas veio em minha direção e puxou-me pela porta traseira parcialmente aberta, de cabeça para baixo. Não vi o rosto do homem, mas, quando me abraçou apertado, percebi que suas mãos estavam imundas.

— Mamãe! — tentei gritar, mas nada saiu de minha boca. Eu tremia dentro do meu suéter.

Devo ter adormecido novamente. Quando acordei, estava no chão, a cerca de 20 metros do carro, que agora ardia em chamas. Cintilantes labaredas vermelhas e alaranjadas apoderavam-se do eterno céu noturno. O calor era insuportável. Ouvi o eco sinistro de sirenes e vi o reflexo das luzes intermitentes nas nuvens distantes.

Caí no sono de novo.

Meus olhos se abriram para luzes que brilhavam dolorosamente. Médicos e enfermeiros zumbiam à minha volta, mas nenhum deles parecia me dar atenção.

— Onde está minha mãe? — gritei. — Como está minha mãe? Quero ver minha mãe!

Os médicos só respondiam às minhas perguntas com outras, assim como fazia o vovô quando tentava evitar a verdade:

— Como podemos entrar em contato com seu pai?

— Meu pai está... morto — lembro-me de ter murmurado. Depois, voltei a cair no sono.

Oito

Quando estava com 10 anos, meus avós me levaram à feira anual em Puyallup. Não era uma Disney, mas depois de anos descendo de patins pela rampa em frente de casa em busca de emoção, eis uma mudança bem-vinda. Vovó não quis se divertir nas atrações eletrizantes — ela só gostava de shows e exibições da FFA (Futuros Fazendeiros da América) —, e vovô não ia em nada que girasse porque ficava enjoado. Não restavam muitas opções. Depois da fazendinha, da pesca de maçãs com a boca e de um passeio de trenzinho (que também era muito rápido para a vovó), eu estava pronto para algo maior. Para a montanha-russa.

"A Emocionante Montanha-Russa", como era oficialmente conhecida, deve ter sido batizada pelo engenheiro que a construiu. Afinal, que outra explicação haveria para a melhor atração do parque ter um nome tão sem graça?

Construída em 1935, a Emocionante Montanha-Russa não era a maior nem a mais rápida do país, mas me parecia bastante assustadora. Na década de 1950, o fogo a destruiu antes de ser reconstruída em madeira. Hoje, era o ponto mais alto da feira, como um convite encorajador para os que estavam em busca de emoções.

Enquanto vovô e eu aguardávamos na fila, imaginávamos em qual dos carros iríamos: no laranja flamejante, no azul resplandecente ou no grito de guerra. Vovô não parou de falar durante toda a espera.

— Você tem certeza de que quer ir, Eddie? — perguntou-me. — É uma queda de 15 metros e chega a 80 quilômetros por hora. Eu posso aguentar. E você?

— Claro que sim — respondi, embora, para falar a verdade, não estivesse bem certo do que queria.

Depois de finalmente chegarmos à entrada, subimos no carro e abaixamos as travas de segurança. Olhei para meu avô pela última vez e juro ter visto um traço de medo em seus olhos.

O inconfundível clique da corrente da velha montanha-russa engatou, e logo nos dirigimos para subir a primeira ladeira. Nenhum dos dois disse uma palavra.

A vista lá de cima era espantosa. O carro fez uma breve parada, como se tivesse sido apanhado pela gravidade. Juro que avistei a igreja da vovó a distância, com o relógio da torre a refletir o sol. Não tive muito tempo para olhar. Atingimos o cume, pegamos velocidade e nos arremessamos em direção ao solo, com o trem de madeira sacudindo violentamente abaixo de nós. Vovô apertou minha mão e disse para eu não ter medo.

Somente anos depois percebi que ele apertava minha mão com muito mais força do que eu a dele.

Agora estávamos ali, vovô e eu, de pé, juntos, velando minha mãe. E mais uma vez ele apertava minha mão fortemente. Eu não sabia quem confortava quem, mas foi a única coisa que me impediu de sair correndo pela porta.

Descobri que minha mãe dormiu ao volante. Saímos da estrada e caímos em uma vala. Não sofri nenhum arranhão. Mas ela quebrou o pescoço. Médicos e amigos não paravam de me dizer que ela tinha morrido instantaneamente, que não sentiu dor — como se isso, de alguma forma, consertasse as coisas. Queria minha mãe de volta. Não era para ela ter morrido. Não naquela hora, não agora, não instantaneamente. Não lhe disse adeus. Nem sequer lhe pedi desculpas. Agora ela jamais saberia.

— Ah, Eddie. — Tia Cathryn me deu um abraço apertado, com os olhos inchados e vermelhos e a voz extremamente suave. — Sinto tanto. — Tentou continuar, mas suas palavras não faziam o menor sentido.

A sra. Benson e os amigos da casa de repouso também estavam lá. Dessa vez, porém, não houve nenhum apertar de bochechas nem cantoria; somente lágrimas e abraços carinhosos. Fiquei pensando se os veria de novo.

Vovó perguntou se eu ficaria abalado por tocar a mão de minha mãe, mas não me importava; não havia possibilidade de eu me abalar ainda mais. Fui até o caixão. Ela não parecia real. Não parecia minha mãe. Parecia mais com um dos manequins que costumava vestir na loja de departamentos. Tão imóvel. Tão serena. Sua mão suave, que costumava afastar meus cabelos dos olhos, jazia inerte sobre seu peito, segurando um rosário. Usava um vestido que eu nunca tinha visto antes e uma maquiagem que certamente não tinha comprado.

Estiquei-me para tocá-la e percebi que eu usava meu suéter de Natal. Não me lembrava de tê-lo vestido.

Queria chorar. Na verdade, achava que *devia* chorar, mas enquanto estava ali de pé segurando a mão de minha mãe, fiquei surpreso ao perceber que só sentia raiva. Raiva de muitas pessoas, sobretudo de Deus. Agora ele levara tanto meu pai quanto minha mãe. Por quê? O que fizeram para merecer isso? Deus poderia tê-los livrado da doença e de acidentes de carro, mas não o fez. Deus poderia ter atendido às minhas preces, mas, pelo contrário, ignorou-as. Deus não estava lá quando meu pai rezou por uma segunda chance. Não estava lá quando minha mãe rezou por um Natal abençoado. E obviamente não estava ali naquele momento.

Vovô deve ter percebido a transformação de minhas emoções. Quando eu estava prestes a desabar sob o peso de tudo o que passava e de tudo o que ainda teria de enfrentar, ele passou os braços fortes à minha volta, puxou-me para ele e cochichou três palavras que não entendi na hora, mas que permaneceram comigo desde então:

— *Está tudo bem.*

Mas com tudo o que eu mais amava estirado dentro de um caixão, o engano não podia ser maior. Nada estava bem. Nada jamais estaria bem de novo.

Os meses seguintes à morte de minha mãe resumiram-se a um único aspecto. Eu sabia que estava lá, mas minhas lembranças eram como histórias contadas por alguém. Fiquei confuso por muito tempo. Como se não tivesse vivenciado a época após o acidente nem tivesse visto seu desenrolar.

Mudei-me para a fazenda dos meus avós. Meu quarto se parecia bastante com o antigo, exceto pelo fato de a goteira ter desaparecido, além de eu ouvir galinhas e vacas. A casa cheirava a bacon e pão fresco 24 horas por dia, aromas que me lembravam de onde eu estava e por quê.

Fiquei bastante preocupado com o que tinha acontecido comigo. Deus fez aquilo de propósito, e eu teria muito tempo para descobrir a razão.

No início, meus antigos amigos telefonavam para saber como eu estava, mas estar fora da corrida de bicicleta tornava mais difíceis nossos encontros. Como eu também não tinha bicicleta, já não me importava tanto.

Tia Cathryn tentou telefonar algumas vezes, mas era constrangedor. Não sabíamos o que dizer um ao outro sem mamãe. Como chamadas de longa distância eram caras, não demorou muito para perdermos o contato.

Meu avô e eu continuávamos indo à cidade para comprar alimentos, arame ou qualquer coisa escrita no papel enfiado no bolso do seu casaco. Vovô não havia mudado, mas eu, sim. Meu ânimo era sombrio. Estava aborrecido. Após algumas idas, vovô parou de tentar torná-las divertidas. Passaram a ser rápidas, silenciosas, direcionadas apenas às encomendas. Voltávamos para casa o mais rápido possível. Depois de algumas viagens, vovô desistiu de me arrastar com ele.

Apenas a ida semanal à igreja da vovó permaneceu. Nunca perdíamos a missa. Mas não havia mais brincadeiras para passar o tempo; vovô não queria se distrair. "Demonstre respeito", cochichava delicadamente durante o sermão. "Estou tentando ouvir. Você também devia tentar."

Após o fim da missa, vovó e vovô costumavam sentar sozinhos nos primeiros bancos, inclinavam a cabeça e rezavam. Eu ficava no fundo da igreja à espera deles. Às vezes eu tentava arrumar as velas votivas para criar um desenho; outras vezes brincava com água benta. Mas eu me aborrecia na maior parte do tempo. Nem conseguia mais me sentir próximo do meu pai naquele lugar — como se ele e Deus tivessem me abandonado ao mesmo tempo.

Passados alguns fins de semana observando meus avós se iludirem com relação à ajuda de Deus, tomei uma decisão: eles podiam me obrigar a ir à igreja, mas não a ouvir a celebração. Vovô devia achar que encontraria respostas na igreja, mas eu já tinha encontrado a minha: "Deus estava morto." Não que ele não existisse; apenas não existia para mim. Deus ouviu meus pedidos e ignorou-os. Agora eu O ignoraria.

Eu O faria sofrer tanto quanto Ele me fazia.

Sem as idas à cidade, vovô rapidamente engendrou outras oportunidades para entreter seu neto teimoso. O bom tempo trouxe mudanças nas tarefas da fazenda, e ele resolveu que valia a pena me fazer ajudá-lo.

Vovô acreditava que lojas de materiais de construção e depósitos de madeira só serviam para comprar pregos. Afinal de contas, por que pagar por madeira e janelas quando se podia consegui-las de graça em celeiros ou em velhos depósitos? Vovô transformou a tarefa de arranjar essas coisas de graça em um esporte. Assim que identificava algo, parava e perguntava ao dono se ele podia ajudá-lo a se livrar de coisas quebradas que já não queria. Normalmente o proprietário ficava tão contente que aceitava de imediato a oferta de vovô.

De vez em quando, alguém tentava lhe vender madeira, mas meu avô recusava educadamente. Ele jamais pagou por algo que podia obter de graça. Em alguns casos, se a pessoa que tentava fazê-lo pagar tivesse vindo recentemente de Seattle ou de alguma cidade grande da Califórnia, vovô ainda a convencia a lhe pagar para retirar os equipamentos imprestáveis. Dizia que era bom que aprendesse como as coisas funcionavam "aqui na roça com os caipiras".

Vovô guardava atrás do celeiro toda a madeira e as janelas imprestáveis que conseguia. O material foi amontoado de qualquer maneira durante anos e estava na maior desordem. Um dia ele me levou lá atrás, mostrou a pilha e disse que iríamos construir um novo galinheiro. Não fiquei muito animado, e quando ele me disse que antes o material precisaria ser removido, empilhado e organizado, fiquei possesso. Não podia acreditar. Levaria uma eternidade.

Vovô se afastou por uns instantes e logo reapareceu com dois copos de limonada. Viu que eu lutava para mover um grande dormente de estrada de ferro, então pousou rapidamente os copos e correu para segurar uma ponta.

— Não se preocupe — disse eu. — Já consegui. — Eu estava tão furioso por ele descarregar todo aquele trabalho em meus ombros que nem mesmo o queria por perto. Ele nunca tinha me visto daquele jeito. Para ser franco, nem eu.

Vovô recuou imediatamente, pegou seu copo, tomou um gole e ficou me observando durante alguns minutos. Eu fiquei calado. Nem mesmo olhei para ele. Queria que ele soubesse que, embora eu fosse terminar aquela tarefa idiota, não ia permitir que ele se sentisse bem com isso. Por fim, quando se virou para sair, disse simplesmente:

— Me avise quando estiver pronto, Eddie.

A cada duas horas, mais ou menos, vovô dava uma espiada nos fundos do celeiro para ver como eu me saía ou para levar outra limonada. E sempre fazia a mesma pergunta:

— Já está pronto, Eddie?

Com o passar dos dias, as visitas dele não se tornaram menos frequentes. Observou-me lutar para suspender e arrastar pesadas vigas de um lado para o outro da fazenda. Nem sequer ofereceu o conselho óbvio de que seria mais prudente retirar os pregos velhos antes de mexer na madeira.

Vi-o algumas vezes sentado no quintal dos fundos, rindo enquanto contava histórias inacreditáveis ao nosso vizinho David. Outro dia, aproximei-me em busca de um gole de água da mangueira e avistei-o dormindo na rede. O barulho da torneira aberta acordou-o, e nossos olhares se cruzaram.

— Já está pronto? — perguntou-me. Eu estava fervendo.

"Que piada", pensei. "Agora entendo por que vovô está lidando tão bem com a morte da minha mãe. Ele está contente por ter finalmente arrumado alguém para fazer de graça todo o trabalho pesado; trabalho que é dele."

Com o corpo mais e mais dolorido e as mãos cobertas de cortes e farpas, minha raiva crescia cada vez que vovô perguntava se eu já estava pronto. Como alguém podia ter o coração tão frio a ponto de ver o próprio neto batalhar e não oferecer ajuda nem uma só vez?

Depois de quatro dias cumprindo minha tarefa, vovô aproximou-se com mais limonada, olhou-me nos olhos e fez a mesma pergunta:

— Já está pronto?

Enlouqueci.

— Está brincando comigo? — gritei em resposta. — Olhe para esta pilha. Vai levar dias até eu conseguir mover tudo isso. Se você está com tanta pressa, talvez possa parar de entreter as visitas, de tirar suas sonecas ou de tentar aliviar sua consciência trazendo esta limonada idiota e, em vez disso, oferecer ajuda.

Vovô me olhou com tristeza.

— Eddie, eu me ofereci para ajudá-lo. No primeiro dia e em todas as outras horas desde então.

— Quando? — gritei, curvando-me para continuar o trabalho. — Só o que você me perguntou é se já estava pronto.

— Não, Eddie, talvez tenha sido isso que você entendeu, mas não foi o que lhe perguntei. — Sua voz era firme e calma. — Tenho lhe perguntado se você já está pronto.

— Ah, desculpe-me, senhor professor. — Jamais tinha sido tão desrespeitoso com meu avô. Senti algo mudar dentro de mim. Mas, ao mesmo tempo que isso me assustava, não sabia como parar. Grande parte de mim nem mesmo queria parar.

Vovô me agarrou e, pela primeira e única vez na vida, deu-me um tapa no rosto. As lágrimas inundaram seus olhos.

Ficou em silêncio por alguns instantes enquanto se recompunha. Na hora em que voltou a falar, sua voz era mansa.

— Quando lhe mostrei todo esse trabalho, disse-lhe que nós íamos construir um novo galinheiro. Eu não falei eu e certamente não disse você. Nunca tive a intenção de que fizesse todo esse trabalho sozinho. Você simplesmente o assumiu. Quando ofereci ajuda, você pediu para "não incomodar". Se parar para pensar, essa foi a primeira vez que lhe pedi para me dizer quando estivesse pronto. Não me referia à tarefa; o que eu queria é que você me dissesse se estava pronto para parar de se lamentar. Quando é que você vai parar de sentir pena de si mesmo? Parar de pensar que o mundo está contra você? O mundo não está contra você, Eddie. — E continuou: — *Você* está contra você. É preciso entender que ninguém está destinado a carregar o fardo sozinho. Estamos todos juntos nisso. Quando você perceber que pode pedir ajuda, o seu mundo vai mudar.

A pontada em meu queixo tornava difícil entender o que vovô dizia.

— Acho que o meu mundo já mudou o suficiente — respondi.

— Olhe, Eddie, sei que a vida está tremendamente dolorosa neste instante. Sua avó e eu rezamos todas as noites para que Deus amenize a sua dor e a nossa. Mas você não é o primeiro rapazinho a perder a mãe, e eu não sou o primeiro homem a perder uma filha. Juntos podemos aprender a sentir saudades dela. Você não precisa fazer isso sozinho.

Observei seus olhos pela primeira vez depois de um longo tempo: o azul penetrante tinha se tornado opaco e cinzento.

— Desculpe por ter lhe dado uma bofetada, Eddie, mas não sei mais quem você é. Você não é o jovem homem que deveria ser, e não sei o que você está se tornando. Sei que é difícil, mas precisa descobrir seu caminho em meio a tudo isso. A dor vai passar, e, com o tempo, você e eu reaprenderemos a rir juntos. — Fez uma pausa e olhou para longe. — Quero minha filha de volta. E quero meu melhor amigo de volta, Eddie. Quero você de volta. Às vezes, acho que perdi vocês dois naquele maldito carro.

Maldito era uma palavra blasfema para meu avô. Já o tinha visto usar palavras piores, mas vovó não tolerava nenhum tipo de imprecação. Procurei por raiva em seu rosto, mas sua expressão era de tristeza e esgotamento. Ele parecia velho.

Pela primeira vez, acho eu, ocorreu-me que vovô tinha perdido uma filha. Ele precisava de mim tanto quanto eu precisava dele. Tal como na época da montanha-russa, precisávamos apertar fortemente a mão um do outro. Pouco importava quem consolava quem.

Eu também estava cansado. Mais do que fisicamente. Estava cansado de me sentir sozinho, de sentir raiva o tempo todo, de guardar minha culpa enjaulada na boca do estômago. Eu queria desabar nos braços de meu avô e deixar que ele me abraçasse e me dissesse que tudo ia ficar bem. Mas eu tinha apenas 12 anos. Não sabia como retroceder. Não sabia como consertar todos os erros que tinha cometido. Era na raiva que eu encontrava força. Odiei as palavras que jorraram em seguida, mas não pude interrompê-las:

— Não preciso de sua ajuda nem da ajuda de Deus. — Minha voz saiu calma, e pude sentir o trejeito de escárnio em meus lábios.

— Sei que você quer descontar em alguém — replicou vovô calmamente — Se você precisa disso para viver, então desconte em mim. Mas não fique com raiva de Deus. Não foi Ele quem lhe fez isso. As coisas simplesmente acontecem. Muitas vezes são consequências de nossas próprias atitudes; outras vezes, não. De vez em quando, coisas ruins acontecem com pessoas boas. Mas o único plano de Deus é que sejamos felizes.

Olhei fixamente para o chão, na esperança de que vovô parasse de falar. Não parou.

— Todos nós enfrentamos desafios e testes, alguns maiores do que outros. Desafios que se destinam a nos fortalecer e a nos preparar para o caminho à frente. Não só para a nossa salvação, mas para a de todos aqueles que encontramos pelo caminho. Eu não sei o que Ele planejou para nós, mas sei que estamos destinados a vencer, Eddie. Ele jamais irá nos abandonar sem a força e a sabedoria de que precisamos.

Fiquei pensando se vovô tinha aprendido tudo aquilo em suas maratonas na igreja.

— Ajuda Dele? — levantei os olhos e encontrei o olhar inflexível de meu avô. Senti todo o meu corpo esquentar. — Acho que Ele já tem nos ajudado bastante, você não acha? Se matar pessoas inocentes é alguma espécie de desafio ou teste, então Deus está doente, e Seus ensinamentos são tão proveitosos quanto este estúpido galinheiro. E por falar nisso, eu ainda não o terminei. — Curvei-me e peguei outra tábua velha. Enquanto me afastava, resmunguei alto o suficiente para meu avô ouvir. — Você vai saber quando eu estiver pronto.

No último dia de aula, uma das minhas professoras me parou no corredor e colocou a mão em meu ombro.

— Eddie, você já conhece o Taylor?

— Acho que não — respondi, perguntando-me por que ela se importava com isso. Surgiu então um menino da minha idade saído de algum lugar por trás dela.

— Taylor, este é o Eddie. Eddie, Taylor. — Ela ficou entre nós dois, com as mãos em nossos ombros. — Vocês são vizinhos. Sabiam disso?

— Nunca o vi antes — disse para o garoto desengonçado. Seu cabelo cor de chocolate disparava para todas as direções. Era óbvio que nenhuma quantidade de saliva conseguia domá-lo.

— Não venho de ônibus — respondeu ele.

Ficamos ali, sem graça, olhando um para o outro. A professora — sua boa ação já estava feita — sorriu e se afastou.

— Onde você mora? — perguntei.

— Na rota 161.

— Eu também.

— Quer uma carona para casa? O ônibus fede.

Não sabia se o significado era figurativo ou literal. De qualquer maneira, ele estava certo.

Caminhamos para uma entrada lateral em direção a um carro comprido marrom-claro.

— Uau! É seu?

Taylor pareceu gostar do fato de eu ter achado o carro o máximo.

— Não, nós o roubamos — respondeu. Foi meu primeiro gostinho de seu sarcasmo inesgotável.

O carro era um gigantesco Lincoln Continental Mark V estalando de novo e, ao mesmo tempo que era diferente de qualquer coisa que eu conhecia, não era realmente tão "o máximo", a não ser para um garoto acostumado a usar sapatos com sacos de pão.

— Seu pai é médico ou coisa assim? — perguntei.

— Na verdade, é, sim — respondeu Taylor. — É um neurocirurgião.

— É mesmo? — Para alguém vindo de uma família de padeiros, isso era mais impressionante do que o carro.

— Não, peguei você de novo. Cara, você é bem fácil de enganar. Meu pai é vendedor. — Taylor sorriu e abriu a porta. Seus pais estavam no banco da frente.

— Quem é o seu amigo? — perguntou a mãe de Taylor.

— Este é o Eddie.

— Oi, Eddie. Sou Janice, a mãe do Taylor, e este é Stan, o pai dele.

— Oi, Eddie — disse Stan.

— Muito prazer, senhor e senhora...

— Ashton — disseram juntos —, mas pode nos chamar de Janice e Stan.

— Prazer em conhecê-los, sr. e sra. Ashton.

— Igualmente, Eddie — disse o sr. Ashton. — Quais são os planos, Taylor?

— O Eddie mora perto de nós. Falei que podíamos lhe dar uma carona.

— Claro, com prazer — disse o sr. Ashton enquanto engrenava o Continental. — Suba.

— Podemos convidá-lo para jantar conosco, Eddie? — perguntou a sra. Ashton quando entramos na estrada que levava à fazenda de meus avós. — Vamos jantar fora, no restaurante favorito de Taylor.

"Uau", pensei. "Sair para jantar? Em uma terça-feira? Devem estar cheios de dinheiro."

— Ia adorar... Stan, mas meus avós provavelmente estão me esperando. — Achei estranho chamar um adulto pelo primeiro nome.

— Bem, ligue para eles e pergunte se pode.

Chegamos à casa de Taylor alguns minutos depois, e logo telefonei para minha avó. Sua felicidade por eu ter feito um novo amigo aparentemente superou qualquer traço de decepção por eu não estar em casa para o jantar. Depois que expliquei quem eram os Ashtons e onde eles moravam, ela concordou relutantemente em me deixar jantar com eles.

O jantar foi uma aventura para mim. Raramente saíamos para jantar fora e *nunca* em uma terça-feira comum. Em ocasiões especiais, meus pais me levavam para comer um banana split na sorveteria do Farrell, mas isso só acontecia se fosse aniversário de alguém. Ainda assim, mamãe sempre me lembrava de não pedir leite — obviamente ela não se dava conta de que o sorvete tinha leite em sua composição.

Não sei o que o sr. Ashton fazia da vida, mas devia ser muito rico. O jantar foi uma verdadeira festa. Não só tivemos permissão para pedir leite, mas também soda limonada. E eu não tomava soda nem no restaurante nem em casa. Na verdade, durante um bom tempo, eu nem mesmo conhecia refrigerante; sabia apenas que possuía um monte de bolhas.

Uma vez, cerca de três anos atrás, encontrei um frasco de Alka-Seltzer sabor limão no armário da cozinha da nossa casa, onde guardávamos os remédios. Quando ouvi o chiado produzido ao jogar um comprimido na água, imaginei que aquilo fosse "soda limonada instantânea". Durante as noites seguintes, esperei meus pais irem dormir e então saboreei o que eu imaginava ser uma bebida especial (embora desagradável). Não entendia como as pessoas gostavam tanto de soda limonada, mas achei que me acostumaria.

Minha fábrica clandestina de refrigerante saiu de cena uma semana depois, quando minha mãe teve dor de cabeça. Ela encontrou o frasco pela metade e me perguntou. Disse que lamentava ter bebido toda a soda limonada instantânea. Ela provavelmente teria enlouquecido se tivesse conseguido parar de rir.

Agora, enquanto eu saboreava a *verdadeira* soda limonada, percebi que o sr. Ashton usava terno e gravata. A não ser na igreja, nunca vi meu pai nem meu avô usarem ternos. Eu não era um especialista em roupas, mas aquela parecia ser cara, e eu podia apostar que a camisa não era feita em casa.

Eu estava tão ocupado observando todas as coisas que eles tinham que não percebi como a família Ashton conversava pouco entre si.

Quase na metade do jantar, o sr. Ashton quebrou o silêncio com uma surpresa. Ele teria que fazer um trabalho no sul da Califórnia e ia levar a família junto; assim todos poderiam passar uma semana na Disney. Para minha surpresa, Taylor não pareceu nada animado. Na verdade, estava com um ar aborrecido.

— Ah, essa não — disse ele —, de novo, não. Estou cansado de ir para lá.

Mal podia acreditar. Quantas vezes eles já tinham ido lá? Qual criança poderia enjoar da Disney?

— Se vocês quiserem ir — continuou Taylor —, tudo bem, mas eu vou ficar em casa.

Houve um silêncio desconfortável. Eu estava preparado para que Taylor ouvisse o mesmo discurso que eu ouviria se tivesse feito esse tipo de comentário; algo como "agora escute aqui, rapaz". Mas nada aconteceu. Em vez disso, sua mãe respondeu apenas:

— Ah, talvez seja bom.

Como é? Eu não podia acreditar naquela família!

— Está bem, Taylor — seu pai continuava a olhar para o prato —, se é isso o que você quer, então acho que está bem. A última coisa que desejo é arrastá-lo para um lugar aonde não queira ir. Talvez possamos encontrar outro destino para o verão.

Eu queria gritar "Podem *me* arrastar para onde vocês quiserem!". Mas acho que ainda estava em choque. Além de Taylor não querer passar as férias na Califórnia, ele disse aos pais que ia ficar em casa. E eles concordaram! Taylor era meu novo herói. Era como se fosse adulto, e seus pais o tratassem como tal. Meus avós certamente poderiam aprender um bocado com Stan e Janice. Eram a família perfeita.

— Muito obrigada por levarem Eddie para jantar fora — disse minha avó pela janela do gigantesco automóvel dos Ashtons.

— De nada. É bom saber que esses dois meninos têm um amigo por perto para passarem o verão. — As duas trocaram um olhar que reconheci depois de observar minha mãe e tia Cathryn juntas.

— Vamos ter de convidar... — A voz de vovó falseou quando olhou para Taylor.

— Taylor...

— ...Taylor para uma visita em breve.

A sra. Ashton se afastou, e minha avó ficou ali de pé sorrindo, entre mim e a casa.

— Que agradáveis acontecimentos, não acha, Eddie?

— Acho que sim. — Passei por ela e cruzei a porta. Ela não entrou. Na verdade, não se mexeu. Ficou ali olhando para o lugar de onde eu tinha acabado de sair.

Eu nunca havia magoado minha avó daquela maneira, mas naquele momento nem cheguei a perceber. Estava muito ocupado pensando sobre como a vida de Taylor era sensacional e desejando poder ser parte daquela família. Inconscientemente, tomei uma decisão que impressionaria Taylor e a mim mesmo: planejei apagar o passado, ignorando-o.

E minha avó era parte do passado.

Nove

Passei um bocado de tempo na casa dos Ashtons naquele verão. Tirando a idade, Janice não tinha nada em comum com minha mãe, o que para mim era ótimo. Eu não queria ninguém por perto que me lembrasse do que eu disse e fiz, ou melhor, do que eu *não* disse e *não* fiz.

Só depois de muito tempo percebi que a sra. Ashton era muito sozinha. Nunca a vi embriagada, mas dificilmente ela passava uma noite sem um copo de cristal por perto. Na época, eu achava que fazia parte da vida das pessoas "ricas". Parecia glamouroso. Sentia-me em casa.

A vida da sra. Ashton girava em torno de Taylor. Ela gastava quase todo o tempo e atenção para fazê-lo (e agora a nós dois) "feliz". Era um conforto, uma trégua para o que minha realidade tinha se tornado. Não havia passado com os Ashtons; somente futuro. E ele seria brilhante.

A família Ashton era bem diferente do que eu estava acostumado. O que não tinham em risos conseguiam com dinheiro. Taylor não usava sacos de pão como botas (na verdade, ele não usava botas se não quisesse), e seus pais podiam lhe dar uma nova bicicleta assim que ele desejasse. Vi no mínimo três delas paradas na garagem.

O sr. Ashton era alto e tranquilo. Assim ficava a casa quando ele chegava (o que não acontecia com frequência). O trabalho lhe exigia muitas viagens, mas sempre que voltava trazia um presente. Eu achava o máximo ele e Taylor não conversarem muito. Se não havia conversas, não havia sermões.

Depois de uma de suas recentes viagens, Taylor ganhou um novíssimo jogo para TV. Uma outra vez, depois de passar muito tempo fora, o sr. Ashton voltou com um novo aparelho de TV em cores de 25 polegadas. Era lindo. Quem precisava de conversa quando tudo na vida era "colorido"?

Quando eu era menor, nossa TV era tão pequena que eu me sentava no chão bem próximo dela para ver melhor. Mamãe vivia me dizendo que eu ia ter um câncer ou ficar cego por me sentar tão perto do aparelho, mas papai dizia que ela só estava tentando me assustar. Acho que ele falava assim porque eu era seu controle remoto particular. De vez em quando ele gritava: "Eddie, quatro. Cinco. Tente o sete."

Nunca me pareceu certo que tivesse sido eu a me sentar perto da TV e ele é que tivesse desenvolvido um câncer.

Taylor não fazia ideia de quanto possuía. Só de olhar sua casa, que parecia com as que eu via na TV, podia-se dizer quanto eram felizes. Tinham até mesmo um controle remoto. Taylor provavelmente jamais contrairia um câncer ou ficaria cego.

Depois de algum tempo, comecei a me convencer de que já fazia parte da família Ashton — mais do que de minha "verdadeira" família. Eles não tinham problemas, e a vida lá fluía facilmente. Uma verdadeira família deveria ser assim. Mamãe sempre dizia que dinheiro não trazia felicidade, mas ela estava errada. Taylor possuía uma montanha de dinheiro e era muito mais feliz do que eu jamais tinha sido.

A princípio, tive a impressão de que a caminhada era longa até sua casa, mas a distância foi ficando menor cada vez que eu a percorria. Uma das fazendas no caminho estava coberta de mato e parecia abandonada, mas em uma das minhas voltas para casa descobri que estava enganado.

— Boa tarde — disse o homem envelhecido, ao debruçar-se em uma das poucas partes inteiriças de cerca ao longo da estrada. Aparentava ser tão velho quanto meu avô, porém era mais magro e um pouco mais baixo. Seus olhos pareciam de um homem bem mais moço, mas o rosto era praticamente duro de tanta lama, e a barba cerrada e salpicada de branco projetava-se de sua face como se tentasse fugir. Se eu não estivesse do lado de fora da fazenda dele, teria pensado que era um mendigo.

— Olá — respondi, parando a poucos metros dele.

— Está vindo lá da casa dos seus camaradas?

— Sim, senhor — respondi, estranhando que ele soubesse de onde eu vinha.

— Aposto que você se sente em casa por lá — disse ele, com conhecimento.

— É mesmo.

— Bom, nós dois temos coisas a fazer e gente para ver. Tenha uma boa tarde.

— O senhor também — respondi. Dei alguns passos cautelosos, depois virei para ver se ele estava me observando.

Estava.

— Senti muito saber sobre sua mãe — disse ele com uma voz tão diferente da que eu acabara de ouvir que bem poderia ter vindo de outra pessoa. Seus olhos estavam fixos nos meus, mas seu rosto parecia relaxado. — Mas está tudo bem, filho. Está tudo bem.

Essas palavras, as palavras do meu avô, instantaneamente me remeteram ao enterro da minha mãe. Não conseguia me mexer nem desviar os olhos. O rosto amistoso daquele homem e seus olhos de um azul profundo tinham se transformado. O rosto da minha mãe surgiu de modo tão intenso, a ponto de eu não mais conseguir ver o homem — via apenas as imagens dos últimos dias de vida da mamãe, como num filme à minha frente.

Mamãe estava maquiada e serena em um caixão miserável.

Estava cansada e magoada no carro a caminho de casa, voltando da fazenda.

Estava desapontada e humilhada pelo suéter no chão do meu quarto.

Mamãe forçava-se a engolir um pedaço de chocolate amargo.

A dor explodiu dentro de mim, fazendo jorrar soluços e lágrimas. Desabei no chão e sentei-me sobre o mato, com o rosto nas mãos. Chorei pela primeira vez desde que minha mãe morreu.

Depois que meus ombros arfaram pela última vez, levantei os olhos lacrimejantes em direção à cerca e ao estranho homem.

Mal podia acreditar; ele estava sorrindo. Começou a andar de volta para a casa da fazenda, parou, virou-se para trás e, com os olhos fixos nos meus, disse:

— Até mais, Eddie.

— Vovô, quem mora na casa abandonada aqui do lado? — perguntei à noite durante o jantar, ainda um pouco abalado com o encontro daquela tarde.

— Ninguém, Eddie. Está vazia há uns seis ou sete anos. Os Johnsons ainda são donos dela, mas voltaram para o leste.

— Bom, tem alguém lá. Havia um homem na cerca, e ele falou comigo.

Meu avô parou de catar as ervilhas em seu prato e apertou os olhos. Suas sobrancelhas brancas cerradas quase se fechavam sobre o nariz.

— O que ele disse?

Hesitei em responder.

— Estava tentando ser simpático, acho. Sabia que eu voltava da casa do Taylor e só queria dar um alô.

— O que mais? — perguntou meu avô, notando minha hesitação.

— Sabia sobre a mamãe e disse que sentia muito, mas que tudo ia ficar bem.

Vovô deu uma olhada para minha avó e voltou os olhos para mim.

— Todo mundo conhece a vida de todo mundo nessa estrada, Eddie, e talvez algum vizinho estivesse dando uma olhada no lugar.

— Ele parecia ser dali.

Vovó tentou disfarçar, mas notei preocupação em seu rosto. Conhecia bem aquele olhar, porque já o tinha visto um ano atrás. Estávamos sentados em volta da mesa no jantar quando o telefone tocou. Vovó atendeu e, sem dizer uma palavra, dirigiu a meu avô o mesmo olhar preocupado que eu acabara de ver.

Um vizinho que morava no fim da rua estava fora, e alguém invadiu sua propriedade. Quando o assunto se espalhou, todos da vizinhança correram em direção à casa, com rifles na mão. Chegaram à fazenda dos Bauer bem a tempo de pegar um homem saindo pela porta dos fundos. Imprensaram-no e mantiveram-no sob a mira da arma — na verdade, de oito armas — até a polícia chegar.

O policial mal pôde conter o riso quando viu a patrulha improvisada que se formara.

— Cara, ou você não é daqui ou é o criminoso mais ingênuo que já encontrei — disse ao homem com o rosto na lama. — Acontece que esta é a estrada mais segura do país. Essas pessoas fariam qualquer coisa ou atirariam umas pelas outras.

Todos fizeram um gesto afirmativo com a cabeça e sorriram para si mesmos, em um raro instante de reconhecimento de como a vida era maravilhosa na pequena estrada onde moravam. O policial continuou:

— Normalmente sou chamado para proteger o proprietário, mas nesse caso acho que estou aqui para proteger você. — Todos riram enquanto o suposto ladrão era algemado.

Quando notei o semblante preocupado da minha avó, soube exatamente o que significava: vovô iria checar pessoalmente a casa dos Johnsons — e provavelmente levaria David Bauer e outros vizinhos, além de algumas armas.

Fui cedo para a cama, mas fiquei com medo de dormir. Minha mãe já tinha aparecido em alguns dos meus sonhos antes, mas sempre de um jeito melancólico, difuso. Jamais havia tido um sonho tão real quanto o da estrada naquele dia — e eu não desejava que eles começassem.

Diferente dos Ashtons, meus avós possuíam uma velha TV colorida que compraram em um leilão. Cerca de quinze minutos antes de começarmos a assistir algum programa, meu avô sempre dizia: "Vou indo para esquentar o aparelho." Levava um bom tempo até o filme finalmente ficar nítido (por *nítido*, leia-se que as cores sempre faziam as pessoas parecerem um pouco mareadas).

O único programa que meus avós não perdiam era o de Lawrence Welk. Vovó o adorava, mas, depois que vi a TV de Taylor, Lawrence Welk só me entediava. O programa era nada menos do que "sensacional, sensacional!" e vê-lo era um lembrete constante de que eu não poderia assistir a *Starsky & Hutch* ou mesmo a *Happy Days*, que vovó chamava de uma "graça" de programa, exceto por "aquele filho roqueiro da família".

Porém, ao mesmo tempo que eu detestava Lawrence Welk, adorava a mágica da indústria televisiva. Intrigava-me que uma câmera em algum lugar no mundo capturasse Welk liderando uma orquestra e enviasse uma imagem em movimento pelos ares até o grande equipamento que zumbia na sala de visitas. Quando vovó desligava o aparelho, eu continuava olhando a imagem sumir dentro de si mesma até não restar mais nada exceto um ponto desaparecendo no centro da tela.

Naquela noite, depois de virar de um lado para o outro durante uma hora, fui para a sala e liguei a TV. O botão deu um estalo tão alto que certamente um de meus avós ia descer para ver que barulho era aquele. Não me atrevi a girar o botão de canais; fazia muito mais barulho do que o de ligar.

Enquanto eu esperava a imagem aparecer, observei, pela primeira vez, como o aparelho deles era antigo. Perguntei-me se minha avó ficava aborrecida por meu avô não poder comprar um novo. Eu ficava.

Assisti a *The Tonight Show* naquela noite e, ao menos por uma hora, esqueci a fazenda e meus pensamentos. Teria assistido à TV a noite toda, mas a estação saiu do ar com o fim do programa, deixando na tela uma bandeira dos Estados Unidos, enquanto ao fundo tocava o hino nacional norte-americano.

Depois ficou apenas uma cabeça de índio por cima de um círculo esquisito — e voltei a ficar sozinho.

Dez

Quando contei a Taylor que meus avós só assistiam à TV uma vez por semana e que quando isso acontecia era para ver o Lawrence Welk, ele ficou chocado. Seus pais deixavam que ele visse o que quisesse, desde que cumprisse suas tarefas no verão e seu dever de casa na época das aulas. Toda terça à noite ele zombava de mim assistindo a *Happy Days* e *Laverne & Shirley*. Seus pais até permitiam que ele ficasse acordado para ver um programa chamado *Soap*. Taylor contou que era sobre um fantoche e um amigo que se achava invisível. Pareceu bem esquisito, mas até fantoches deviam ser melhores do que Lawrence Welk.

Porém, embora a televisão fosse a grande desculpa para dormir na casa de Taylor, a verdadeira razão para eu querer passar mais tempo por lá era porque os Ashtons me tratavam como um filho. Imaginava-me morando naquela casa imensa, Taylor e eu perambulando e fazendo tudo o que quiséssemos, tão cansados da Disney que chegávamos a implorar aos pais dele para nos levarem a algum lugar novo.

— Vovó — disse eu, enquanto rumava para a porta num fim de tarde de setembro, com uma mochila surrada do Exército pendurada no ombro, presente do vovô —, vou dormir na casa do Taylor.

— Não vai, não, Eddie. Você passou três das últimas sete noites lá, e estou certa de que está abusando da boa vontade dele.

— Os Ashtons não se importam. De verdade. Ligue e pergunte a eles, se quiser. — Eu estava testando a tática do Taylor de apenas comunicar o que aconteceria.

— Eles são muito bem-educados para dizerem o contrário. — Vovó não cedia tão facilmente quanto os Ashtons. — Você precisa estar aqui esta noite. Vou fazer carne moída ensopada com massa de tomate servida no pão de hambúrguer.

— Não quero. Stan e Janice vão nos levar para jantar fora! Já fizemos planos!

Minha avó precisou de alguns segundos para absorver o choque com a minha naturalidade de chamar os Ashtons pelos primeiros nomes. Ela não gostou nada.

— Sinto muito por minha comida não estar à altura de seus padrões cinco estrelas, mas se vocês fizeram planos, talvez eles devessem ter sido comentados previamente com seu avô ou comigo. — A voz de vovó era mansa, porém firme.

— Mas, vovó — só me restava uma carta na manga —, a escola começa na semana que vem, e depois disso só vou poder dormir lá nos fins de semana.

— Não, Eddie. Esta noite, não. Na verdade, você não vai dormir fora de casa até se adaptar à escola e verificarmos como andam suas tarefas de casa.

Eu não podia acreditar. Já tinha aguentado demais. Peguei minha mochila pela alça e a atirei longe. Pretendia apenas que ela caísse a poucos centímetros, embora eu tivesse dado um bom impulso. Em vez disso, voou pelos ares e bateu na parede, abrindo um grande talho no reboco.

Vovó me olhou estarrecida, mal podendo acreditar no que via.

— Você tem muita sorte de seu avô não estar aqui para ver isso. — A meiguice tinha sumido de sua voz.

— É, tenho tido muita sorte *mesmo* nos últimos tempos! — As palavras escaparam de minha boca enquanto subia correndo para meu quarto. Meu avô só encostou a mão em mim naquela vez, mas eu nem me atrevia a imaginar como ele reagiria diante do modo como eu acabara de tratar minha avó. Certamente ele iria me bater com algum utensílio da fazenda.

Bem no fundo, eu também sabia que merecia um castigo. E isso me afastava cada vez mais.

Cerca de uma hora depois, ouvi o cano de descarga da picape de meu avô se aproximando. O barulho me fez lembrar quanto eu odiava aquela caminhonete velha. Poucos minutos depois, ouvi a porta da frente abrir e fechar, e em seguida a voz abafada e mansa de minha avó. A voz de vovô replicou, mas não estava nada mansa.

— Ele fez o quê? — gritou. Depois veio a voz abafada da vovó seguida pela do vovô ligeiramente menos zangada.

Relaxei gradativamente.

Ele não subiu as escadas.

Na manhã seguinte, apareci para o café à espera do pior, mas nada aconteceu. Os dois estavam quietos e me deram um bom-dia cordial e reservado.

Depois do café, dei uma volta pela sala e vi que a parede tinha sido consertada. Se não estivesse ligeiramente mais branca que a área em volta, seria impossível dizer onde eu a estragara. Meu avô deve ter extravasado sua raiva com a argamassa e a pá de pedreiro. Uma lata de tinta estava no chão em frente à parede.

— Eddie, acho que você tem umas pinturas para fazer — disse meu avô, sem levantar os olhos do jornal. — Tome cuidado para não pingar no chão.

— Sim, senhor — respondi sem uma gota de sarcasmo. Acho que foi a única vez que chamei meu avô de "senhor" em toda a minha vida.

Fiquei pensando se eles se sentiam tão infelizes morando comigo quanto eu me sentia.

Fiquei com medo de pedir para ir à casa de Taylor antes de o incidente da mochila ter sido esquecido. Então, foi ele quem passou a ir à nossa fazenda quase todos os dias das semanas seguintes. Meus avós tratavam-no da mesma maneira que os Ashtons me tratavam.

Percebi que a presença de Taylor era quase tão boa como quando eu ia à casa dele. Vovó estava tão feliz por eu estar por perto que bastava um "mas, vovó, estávamos saindo para fazer uma exploração" para eu escapar de minhas tarefas. Vovô fazia jogo duro, mas pelo menos Taylor estava disposto a me ajudar a fazer qualquer coisa que ele pedisse.

Um dia, vovô pediu que caminhássemos ao longo da cerca da fazenda em busca de trechos que precisassem de conserto. Era uma tarde fria e seca de fim de outono, e tínhamos feito grandes planos que não incluíam nos arrastarmos ao longo do que parecia ser mais de mil quilômetros de cerca.

— O dia está lindo — tentou argumentar vovô —, e a caminhada vai fazer bem aos dois. Quem sabe acabam até se divertindo.

Taylor sempre enxergava mais longe do que eu e aceitou o desafio como uma oportunidade para uma aventura. Afinal de contas, nossa tarefa nos levaria a cantos da fazenda que nem mesmo eu conhecia. Vovó preparou sanduíches, embrulhou-os em papel vegetal junto com picles temperados e colocou-os em minha mochila. Fiquei um pouco sem graça por causa do pão feito em casa e do papel vegetal. Na casa de Taylor havia sempre pão comprado no mercado e sacos plásticos. Torci para que ele não percebesse nosso modo de vida. Enchi meu cantil de água, para brincar que precisávamos levar uma vida dura, tal como Lewis e Clark, exploradores do oeste norte-americano.

Nossa expedição levou-nos até os fundos da propriedade e a uma área onde a mata invadia parte da fazenda. A cerca fazia o melhor possível para conter arbustos, mas descobrimos alguns locais em que a floresta tinha vencido.

Quando ficamos a salvo dos ouvidos de meus avós, resolvi dizer a Taylor quanto eu gostava de ficar em sua casa.

— Seus pais são o máximo. Muitas vezes penso em como seria maravilhoso viver com vocês.

— É sério? — Taylor parecia surpreso. — Para falar a verdade, eu é que preferia viver com vocês. Sua avó é a melhor das cozinheiras, e seu avô é muito divertido. Um dia desses, enquanto eu esperava você terminar suas tarefas, nós nos divertimos bastante jogando cartas. Só foi um pouco estranho porque sua avó, que estava na cozinha, não parava de gritar o nome dele.

Fiquei chocado. Eu não jogava cartas com vovô desde antes do último Natal. Não queria que Taylor jogasse com ele se eu não pudesse jogar também.

— Taylor, ele trapaceia — zombei dele.

— Ah, sei disso — respondeu prosaicamente, como se fosse eu o ingênuo —, e é o que torna tudo tão sensacional. Ele vem trabalhando em um sistema há algum tempo. Disse que se jogarmos mais, vai conseguir terminá-lo e depois vai me ensinar.

Só de pensar no Taylor jogando cartas com meu avô, ficava furioso. Eu não estava aborrecido com Taylor, mas com vovô. Taylor era *meu* amigo, e não gostei de o meu avô conversar com ele. Decidi experimentar uma tática nova.

— Ele é assim mesmo, parece bem simpático no começo, mas depois que você o conhece, deixa de ser tão espetacular assim. As brincadeiras vão ficando velhas com o tempo. Mas sua família é *sempre* ótima. Seus pais deixam você fazer o que quiser. Isso sem falar em suas férias. Você pode assistir a qualquer programa da TV, e seu pai me contou que logo vão ter um videocassete, e você vai poder gravar os programas e vê-los quantas vezes quiser. O que há de errado, Taylor? Seu pai não é um fracassado. Vocês são ricos. Você tem tudo.

— Nem sempre as coisas são como parecem, Eddie — disse Taylor num tom de voz baixo, quase como se estivesse falando para si mesmo. Deu de ombros e se adiantou um pouco; um claro sinal de que não queria mais falar sobre o assunto.

Uma árvore havia caído atravessada na cerca em uma área coberta de vegetação, abrindo uma clareira e criando um local para que pudéssemos sentar e almoçar. Era também o único lugar em que podíamos ficar do lado de dentro da cerca sem qualquer evidência de que estávamos dentro da fazenda. Não sei se meu avô tinha planejado tudo, mas a trilha estava se revelando uma de nossas melhores aventuras.

— Uh-uh — disse Taylor.

— O quê?

— Meu pai vai me matar. Era para eu estar em casa às três, e já passou bastante da hora.

— Diga apenas que você esqueceu. É a verdade mesmo, não é? Termine a caminhada comigo, jante conosco e depois vá para casa, como se não houvesse nada de errado. Vamos, já conheço o sistema do meu avô. Assim você não precisa jogar cartas com ele, eu mesmo ensino — menti.

— Não posso. Vamos até a casa da minha tia para algum evento grande de família. Nem sei o que é, mas meus pais vêm fazendo muita questão dessa visita. É sério, se eu não for, eles vão me matar.

Imaginei Taylor de olhos vendados contra um paredão, com seus pais apontando rifles antigos em sua direção.

— Quer fazer um último pedido? — brinquei, apontando um picles para ele, como se fosse uma arma.

— Você é bem estranho. As coisas que são sérias, não são, e as coisas que não deviam ser, são.

— Hã? Do que você está falando?

— Deixa para lá, Eddie. Seu avô disse que se terminássemos a cerca toda hoje poderíamos acompanhá-lo em umas missões amanhã. Então diga que terminamos. — Levantou-se, espanou os farelos da calça e caminhou ao longo do último trecho da cerca a ser examinado.

Corri para acompanhá-lo, e ambos aceleramos em direção à frente da fazenda, mal examinando a cerca. Talvez não tenhamos percebido buracos suficientemente grandes para um elefante atravessar, mas acho que eu era bastante experiente em não perceber o que estava bem à minha frente.

A parte da frente da cerca era feita de uma corrente de argolas presas a sólidos postes de metal. Em vez de caminhar até a entrada da fazenda, Taylor escalou e pulou a cerca.

— A gente se vê — disse ele, sem olhar para trás. Estava realmente assustado. Observei-o correr pela estrada e percebi que algo estava acontecendo na fazenda vizinha.

Havia um curral entre a velha casa e o celeiro em ruínas. O curral não podia ser visto da estrada. Na verdade, os campos em volta estavam tão altos que só se podia vê-lo através de uma fenda em meio ao matagal da safra não colhida. Escalei a cerca não muito longe do lugar em que Taylor tinha pulado e cheguei o mais perto possível para ver o que acontecia. Eu tinha certeza de que podia me esconder ali pelo tempo que quisesse.

O velho homem que eu tinha visto no outro dia estava parado no meio do curral, de costas para um cavalo bem tristonho. Seu macacão ensebado estava ligeiramente mais limpo do que seu rosto.

— Xó, querida, está tudo bem. Venha pegar esta maçã. — Com o braço estendido, segurava um quarto de uma maçã na palma da mão. — Venha, venha, venha — dizia ele, cada vez mais baixo. A égua resfolegou e empinou a cabeça enquanto se movia cuidadosamente na direção do estranho. Retraiu os lábios e, suave e rapidamente, abocanhou a maçã. Sem se virar, ele enfiou lentamente a mão no bolso da imunda blusa quadriculada e tirou outro pedaço. — Quer mais um, querida? — perguntou, com um tom de voz que me lembrou o primeiro encontro que tivemos. Ela pegou; só que dessa vez comeu a maçã sem dar nenhum passo para trás.

Quando ele se virou para encará-la, olhou rapidamente em minha direção, o suficiente para me dizer que sabia que eu estava ali. Pegou outro pedaço de maçã do bolso enquanto olhava de propósito para a égua. Com a mão em concha, colocou a maçã debaixo do focinho e acariciou a cabeça do animal com a outra.

— Somos amigos agora, querida, não tenha medo. Ninguém vai machucar você.

A égua balançou a cabeça, como se concordasse.

— Eddie — disse ele, sem se virar. — Apareça e venha dar um alô para minha nova amiga.

Dei alguns passos para me afastar da área plantada, depois me virei para ver a sombra onde estava agachado. Não conseguia imaginar como ele havia me visto ali. Escalei as quatro traves que formavam a lateral do curral e sentei na mais alta. O homem veio caminhando e parou à minha frente.

— Acho que não fomos formalmente apresentados — disse ele. — Meu nome é Russell.

Fiquei novamente chocado com sua imundície. Sua barba não era muito grisalha como aparentava a distância. Parecia ser naturalmente branca, embora coberta com camadas de uma lama escura e amarelada. Se um ser humano pudesse ser descrito como sépia, seria o Russell. Ele sorriu, tirou o chapéu de caubói, enxugou o suor nojento da sobrancelha com um lenço também nojento e olhou para mim longamente.

— Russell de quê? — Tinha certeza de que meus avós iriam querer saber seu sobrenome.

— Só Russell.

— Ah. — Fiquei em silêncio por alguns minutos e olhei para a égua. — Não imaginei que fosse assim tão fácil domar um cavalo. — Eu nunca tinha ficado tão perto de um cavalo que não estivesse se movendo de um lado para outro em um poste e andando em círculos.

Russell sorriu.

— Na verdade, sou o terceiro homem a tentar domar essa égua. Parece que acabo sempre no meio dos cavalos de que todo mundo já desistiu.

Um estranho que falava com tanto conhecimento sobre cavalos deveria ter me deixado mais desconfiado do que eu já era. Mas ele irradiava uma simpatia que me deixava à vontade e seguro; é difícil explicar. Russell tinha em seu corpo toda a sujeira das fazendas do mundo. Porém, parecia limpo e em paz. Conversar com ele era como conversar com alguém que eu conhecesse a vida inteira.

— Você deu apenas uma maçã a ela? — perguntei.

— Não, Eddie. Eu mostrei que a amo. Os cavalos necessitam ser lembrados disso de vez em quando. Essa velha garota vem atravessando uma fase difícil, e então todo mundo desistiu dela. Foi espancada e sentiu-se abandonada. Só estou tentando ajudá-la a perceber que está errada.

— Como você faz isso?

— Bom, pode parecer engraçado, mas apenas tento lembrá-la de quem ela é. Esses cavalos são treinados dia após dia para esquecerem os instintos e as emoções que nasceram com eles. Todo mundo quer se sentir amado, mas, quando tudo o que se sente é solidão, é difícil fazer qualquer coisa.

Fiquei interessadíssimo.

— Um cavalo pode sentir solidão?

— Claro que sim. Na verdade, os cavalos são mais parecidos conosco do que você pensa. Nascem sabendo o que se espera deles, mas não sabem quem são ou como se chega lá. Aposto que acontece a mesma coisa com você, Eddie. As pessoas devem viver lhe perguntando o tempo todo o *que* você quer ser quando crescer, mas a pergunta está errada, não está? É o mesmo que dizer que esse cavalo é um burro de carga, em vez de dizer o que ele realmente é: bom, gentil e fiel. Percebe a diferença? O *que* não importa. A pergunta que deveriam fazer é *quem* você quer ser quando crescer?

Eu ainda não compreendia.

— *Quem* eu quero ser? Você quer dizer alguém famoso?

— Não, não exatamente. — Russell sorriu. Sua voz não demonstrava a menor ponta de irritação por eu não ter entendido o que dizia. — Quero dizer quem você quer ser. Em que tipo de pessoa você quer se transformar.

— Quero ser rico e viver longe daqui. Vou ter uma casa enorme em algum lugar como Nova York. Vou comprar o carro mais moderno, uma TV nova e tudo o que eu desejar.

— Uau! — disse Russell, virando o rosto para o cavalo. — Acho que você já compreendeu tudo.

— Já, sim. Só tenho que escapar daqui e de todas as pessoas que querem me derrubar.

Russell fez uma pausa momentânea e afagou a cabeça da égua.

— Bom, se você já está com tudo na cabeça, então deve saber quem você é.

— Já falei, sou o Eddie. — Eu retribuía a paciência de Russell com minha extrema impaciência.

— Não, não foi bem isso que eu quis dizer. Tenho certeza de que disso você já sabe, Eddie — Russell afagou o meu ego —, mas a maioria das pessoas não é como você. A maioria não sabe o que vai ser ou onde vai viver ou até mesmo o que o amanhã reserva para elas. Elas continuam caminhando, na esperança de que no próximo passo, no próximo emprego ou no dia seguinte "serão felizes". Mas um cara como você sabe. É por isso que você foi capaz de fazer esse plano tão grande.

Eu não entendia muito bem por que recebia tantos elogios. Mas gostei.

— Pode apostar. Já tenho tudo planejado.

— Isso é muito bom para você. As pessoas nasceram para ser felizes, Eddie, mas às vezes a coisa fica difícil se elas se transformam em alguém que não são.

Agora eu estava começando a compreender o que ele falava.

— É, meu avô é desse jeito. Ele está tão ocupado se convencendo de que é feliz que nem consegue perceber quantas coisas ele não possui.

— É mesmo? — disse Russell, parecendo genuinamente interessado.

— É, sim. Eu achava que ele era legal e divertido, mas agora sei exatamente quem ele é: um homem velho que se ilude pensando que é bem-sucedido. Não consegue ver que ninguém encontra a felicidade em uma estrada cheia de fazendeiros e de pessoas simplórias. Ele pode ter muito mais do que uma pequena e idiota fazenda de morangos. Existe um mundo inteiro lá fora, mas ele está preso aqui com um monte de derrotados, lembranças ruins e métodos ultrapassados.

Eu podia assegurar, pelo modo como Russell escutava, que ele sabia exatamente do que eu estava falando. Senti-me esperto mostrando-lhe quanto eu sabia e partilhando coisas que meus avós nunca poderiam entender. Fiquei surpreso que alguém como Russell "compreendesse" tudo isso. Mas ele compreendeu.

— Puxa, sinto muito ouvir isso sobre seus avós — respondeu Russell com simpatia. — Que pena que eles não possam aprender um pouco com alguém como você, alguém que sabe o que quer e que sai e se dá bem. E você sabe que vai se dar bem porque compreende que o "quem" sempre lhe conduzirá à felicidade. Depois disso, o "que" e o "onde" acabam se encaixando em seus lugares. Se seus avós pudessem imaginar isso, poderiam ser tão felizes como você. Talvez possam até ser tão bem-sucedidos como você será.

Russell fez uma pausa momentânea e virou-se para a égua.

— É claro que essa velha garota vai considerar tudo isso assim que eu mostrar para ela quanto é amada.

Ignorei o animal.

— Sou plenamente feliz — insisti, me sentindo compelido a reforçar um fato já exposto. — E meus avós dizem o tempo todo que me amam.

— Tenho certeza disso. Não sabia que estávamos falando sobre você.

— Não estamos. Só estou dizendo.

— Ah, claro. Sabe, Eddie, você me parece um garoto inteligente, então deixe-me pedir um conselho sobre um assunto.

— Está bem. — Fiquei na minha, porém contente por Russell já pensar tão bem de mim.

— Bem, venho trabalhando bastante com essa égua, mas ainda não consigo fazer com que ela confie inteiramente em mim. — Pegou outro pedaço de maçã no bolso e levou-o até o focinho do animal. A cabeça dela retraiu-se violentamente. Russell manteve a fruta firme, e o cavalo foi levando a cabeça para a frente, com cautela, até abocanhar a maçã. — Já lhe disse que ela vem atravessando uma fase difícil — disse Russell —, mas, na verdade, a coisa é mais profunda do que isso. Quando ela nasceu, seus donos criaram-na em uma fazenda com inúmeros animais. Depois que a fazenda foi vendida, os novos donos dificilmente apareciam. — Russell virou-se para ficar de frente para mim. Era quase tão bom contador de histórias quanto meu avô. — Contrataram uma pessoa para cuidar dos animais, mas ele era um cara malvado que estava mais interessado em tirar proveito dos animais do que em alimentá-los ou tratá-los.

Imaginei o dócil animal que estava à minha frente sendo maltratado. Isso me deixou furioso. Queria ajudá-lo.

— Bem, um dia um cavalo mais antigo da fazenda adoeceu. Em vez de tratá-lo para recuperar a saúde, o camarada agarrou o rifle e matou-o bem na frente desta pobre menina. Imagine a cena, presenciar seu amigo sendo morto sem nenhuma razão, bem diante de seus olhos.

Imediatamente, cenas de luzes piscantes e sirenes ligadas encheram minha cabeça. Meu pai, frágil e doente em uma cama de hospital. Mamãe, cansada e furiosa atrás do volante de nosso carro.

— Poucos meses depois, uma tempestade violenta derrubou parte da cerca em volta do curral. Os instintos dos cavalos afloraram, e todos correram para a liberdade através da brecha da cerca. Foi quando a encontrei, assustada e sozinha na mata.

Dirigi o olhar para a égua com grande admiração.

— Pensei em comprá-la, então saí em busca do responsável. Ele me fez uma proposta que não pude recusar, e desde então venho cuidando dela para que recupere a saúde.

Russell virou-se na direção da égua e pegou outro pedaço de maçã.

— Infelizmente, ela teve uma experiência tão ruim que jamais conseguiu confiar em outro ser humano. — A cabeça da égua recuou novamente. — Demonstro-lhe o meu amor todos os dias, mas acho que, pelo menos na cabeça dela, isso equivale a medo. Por isso, Eddie, acho que poderia me valer de seu conselho... como faço para ela perceber que nem todos querem machucá-la?

Fiquei tão absorto diante da história que até esqueci que Russell buscava minha ajuda. Tentei pensar em algo inteligente para dizer.

— Bem, não sei. Acho que você tem de continuar o que vem fazendo. Tenho certeza de que no fim ela vai perceber que os acontecimentos não foram culpa dela e que você é seu amigo.

Fiquei sem graça por não ter mais nada para oferecer, mas Russell aparentemente achou muito boa minha resposta. Seu rosto se iluminou.

— Sabe, Eddie, você está absolutamente certo. Só tenho mesmo de continuar. Obrigado.

Eu exultava por dentro, mas não queria abusar da minha sorte.

— Bem, meus avós estão me esperando — disse eu enquanto pulava da cerca e afastava-me rapidamente.

— Apareça de novo, Eddie — convidou Russell.

Nem precisei dizer que ia aparecer.

Naquela noite, esgueirei-me novamente para o andar de baixo para assistir o programa do Johnny Carson. Quando virei para entrar na sala, percebi que estava iluminada pela fraca luz esverdeada da televisão. Meu avô estava sentado na mesa do café, com o nariz quase grudado na tela.

— Vovô?

— Shhh... — fez ele, com o dedo nos lábios. Então chegou para o lado, deixando um espaço para mim.

Sentei-me ao seu lado, e vimos o programa em silêncio, querendo rir, mas com medo de a vovó nos descobrir. Pude sentir a rigidez de seu braço forte contra o meu, que era esquelético. Graças a um filme de faroeste, os sentimentos de ternura que compartilháramos há tanto tempo ressurgiram. Vovô não percebeu, mas embora eu estivesse olhando para a TV, eu estava, na verdade, assistindo às imagens do último ano passando novamente em minha cabeça.

Queria retroceder, mas não sabia como. Então fiquei simplesmente sentado ali.

ONZE

— Preciso de sua ajuda hoje — disse vovô animadamente no café do dia seguinte. Depois de comermos e limparmos os pratos, levou-me ao menor dos dois celeiros. O lado esquerdo foi esvaziado e transformado em um depósito para as coisas da vovó. Ela estava sempre tricotando, estofando ou costurando. O meu quarto era seu antigo quarto de costura; quando me mudei para lá, vovô levou tudo o que era dela para sua oficina.

O lado direito ainda era de vovô. O limite entre a arrumação e a bagunça separava as duas áreas tão bem como se existisse uma parede. Levou-me até o canto mais afastado do celeiro e levantou um cobertor velho posto em cima do que me pareceu ser uma pilha de sucata.

— O que vamos fazer, vovô?

— Construir o presente de Natal de sua avó — respondeu. — Naturalmente é um *segredo* — acrescentou, com um arremedo de aviso.

Eu tinha esquecido completamente; faltava apenas um mês para o Natal. Mal podia acreditar que não o tivesse percebido aproximar-se; provavelmente porque o inverno estava sendo atipicamente quente até agora. Cresci com inveja da vovó e do vovô porque sempre tinham muito mais neve do que nós. Embora eles não morassem tão longe, os limites entre a chuva e a neve no mapa do homem do tempo sempre pareciam estar bem entre nós. Houve inúmeras tempestades em que ficamos alagados, e eles tiveram nevascas que chegaram até a varanda.

Houve épocas em que me imaginava fugindo e me mudando para a casa deles só para ter mais dias com neve e não ir à escola. Eu fantasiava que vovô e eu acordávamos cedo, construíamos um forte de neve no pátio da frente e tomávamos chocolate quente o dia inteiro. Vovô provavelmente não me faria usar botas de sacos de pão. Era como um sonho.

Mas agora que vivia esse "sonho", eu percebi como estivera errado. É claro que não havia botas de sacos de pão, mas também não havia neve. Nem um centímetro. Não nevou o ano todo. "Nem sempre as coisas são como parecem." A voz de Taylor ecoava em minha mente.

Vovô me deu umas lixas e apontou para uma pilha de pedaços de madeira cuidadosamente cortados, arrumados no chão e sobre sua mesa de trabalho.

— Isso precisa ficar tão liso quanto uma pedra de rio. Comece com a lixa mais grossa e finalize com a mais fina. Preciso cortar mais alguns pedaços.

Aquilo era a última coisa que eu queria fazer.

— O que vamos fazer? — perguntei, esperando ser capaz de imaginar um caminho mais curto para não precisar usar as lixas.

— Acho que vai ser mais divertido se não lhe contar — respondeu vovô. — Talvez você consiga adivinhar quando começarmos a montá-lo juntos. — Estava sendo evasivo, provavelmente porque sabia a razão de minha pergunta.

— Por que você não sai e compra qualquer coisa para ela em vez disso? — sugeri. — Tenho certeza de que ela preferiria ganhar alguma coisa nova de uma loja.

Meu avô olhou-me como se nunca tivesse me visto antes.

— Não, ela não gostaria. Além do mais, a gente fica mais feliz quando se dedica a fazer os outros mais felizes. — Eram as palavras de minha mãe na voz do meu avô.

Ele me deixou sentado sozinho em um banco. Lixei durante um tempo, mas parei quando minhas mãos começaram a ficar com câibra. Era óbvio que eu nunca seria um artista. Os sons ritmados que vinham do outro lado do celeiro diziam-me que vovô estava ocupado e que não viria me fiscalizar tão cedo; então comecei a explorar. Taylor e eu tínhamos nos esgueirado até lá algumas vezes, mas sempre tive medo de que meu avô nos descobrisse. Era o único lugar da fazenda inteira aonde eu estava proibido de ir.

Atravessei para o lado arrumado e comecei a espiar as coisas de minha avó. Havia flores secando dentro de um vaso em uma bancada e o que parecia ser uma máquina de costura de museu ao longo da parede. Era velha e movida apenas por um pedal preso a uma grande roda de metal. Fiquei tão curioso para ver como funcionava que não reparei no silêncio da oficina.

Perto das velhas máquinas de costura, o conjunto de prateleiras obviamente tinha sido feito pelo meu avô. Estava abarrotado de tecidos e acolchoados quase prontos, panos para fazer pijamas e camisas, novelos de lã e agulhas de tricô. Um novelo de lã em especial atraiu minha atenção, e o apanhei. Enquanto corria o fio entre os dedos — áspero e macio ao mesmo tempo — meu avô aproximou-se e parou ao meu lado.

— Parte dessas coisas eram de sua mãe. Aos 8 anos ela já tricotava. Era muito engraçado. As agulhas eram quase tão grandes quanto seus braços.

Enquanto vovô falava, me lembrei de minha mãe tricotando meu suéter de Natal todas as noites, bem na minha frente. Olhei para ele com os olhos secos.

— Não sou muito bom com a lixa.

— Não faz mal, Eddie. Também não sou muito bom em algumas coisas. Por exemplo, estou bem enferrujado para educar crianças. Sua avó fez a maior parte do trabalho com sua mãe. Quando você surgiu, achei que ter um neto ia ser fácil e divertido. Acertei... pelo menos por um tempo.

Lembranças de excursões de pesca, de casquinhas de sorvete e de trapaças nos jogos de cartas invadiram minha mente. Já havia se passado muito tempo desde que tínhamos feito uma dessas coisas divertidas.

"Agora as coisas eram diferentes."

Vovô fez uma pausa, como se tentasse recompor-se. Quando voltou a falar, sua voz era mais baixa e vacilante.

— Filho, você e eu somos muito parecidos. Somos teimosos. Estamos sempre querendo mostrar aos outros como eles estão errados, que não precisamos de ninguém, só de nós mesmos. Bem, quero que você saiba quanto eu estava errado. Estava tentando lhe dar uma lição e não vi o que estava bem na minha frente: sua mãe estava muito cansada para dirigir naquela noite. Cometi um erro e o carregarei comigo até a minha morte.

Senti vontade de jogar o novelo no chão e atirar-me nos braços de meu avô. Desejava ardentemente que as coisas voltassem a ser como antes. Pensei no que Russell tinha me dito. Será que vovô sabia *quem* ele era? Ele era realmente feliz? Será que ele se sentia tão sozinho e abandonado quanto eu?

Antes que pudesse dizer qualquer coisa, vovô prosseguiu.

— Muitas vezes nossas forças são também nossas fraquezas. Para ser forte é preciso primeiro ser fraco. É preciso dividir os fardos; é preciso se apoiar nas outras pessoas enquanto você enfrenta os problemas e a si mesmo. É difícil fazer isso, mas a família existe para lhe proporcionar um refúgio das tempestades da vida.

O novelo subitamente ganhou vida em minhas mãos. Imaginei mamãe terminando o suéter, cortando o último nó com os dentes. Ela deve ter ficado bastante orgulhosa. Depois, imaginei minha mãe olhando para o suéter enrolado no chão do meu quarto. Pensar em tudo aquilo despertou minhas emoções; nenhuma delas, porém, era boa. Concentrei-me em meu avô.

Então, recuei mais uma vez.

— Não quero ajuda nenhuma — retruquei. — Todos que amei na vida foram tirados de mim. Não vou permitir que isso aconteça de novo. Não preciso de *ninguém*. Sei quem sou. Não sou como você nem jamais serei. Vou ser rico. Não vou precisar ser sovina com a mulher para quem digo que amo e *fabricar* um presente para ela — vou lhe comprar um presente *de verdade*. Meus filhos vão ter o que precisam.

Joguei o novelo no chão como se fosse uma cobra e virei-me para correr. Meu avô deu um passo e postou-se bem à minha frente, segurando meus ombros com as mãos. Eu sabia que não valia a pena brigar; então fiquei ali parado com ar desafiador, olhando na direção de seu peito.

— Olhe para mim. — Não movi a cabeça; apenas levantei os olhos até encontrar os dele. — Em primeiro lugar, eu te amo, Eddie, e não vou a lugar algum. Nem a sua avó.

— Você não pode fazer esse tipo de promessa — protestei. Eu não podia deixá-lo se aproximar. — Você não sabe. — Nem mesmo escutei a primeira parte do que ele disse.

— Você está certo, eu *não* sei, mas não pode passar o resto da vida sentindo medo, culpa e raiva. Querendo ou não, a vida é uma sucessão de acontecimentos que nem sempre compreendemos ou dos quais sempre gostamos. O que aconteceu com sua mãe não foi culpa sua nem minha. Foi um acidente. Apenas um estúpido acidente.

Eu estava à beira de um colapso. Todo o sofrimento, toda a dor, todas as lembranças queriam explodir ao mesmo tempo.

— Eddie — continuou vovô —, acho que você está cometendo um erro simples em relação ao que *deseja* e ao que *precisa*. Nem sempre obtemos o que desejamos, mas eu tenho certeza de que não precisa das coisas que você passou a desejar recentemente.

O torvelinho de minhas emoções transformou-se imediatamente em raiva. E disse a coisa mais ferina que me ocorreu.

— Então acho que *não precisava* de uma mãe nem de um pai.

Eu tentava encurralar meu avô, na esperança de que me repreendesse agressivamente. Teria sido mais fácil para nós dois se simplesmente parássemos de nos falar. Mas vovô não ia se deixar encurralar com tanta facilidade.

— Eddie, não podemos controlar o que nos acontece, mas podemos controlar o modo como reagimos aos acontecimentos. Todos somos *destinados* a ser felizes. Até você, Eddie, é destinado a ser feliz, embora seja difícil acreditar nisso. Se você não é feliz, não é culpa de Deus, não é minha culpa nem de ninguém. É somente culpa sua.

As palavras acenderam um fogo dentro de mim. Apressei-me a colocá-las para fora antes que começasse a derreter a frieza da qual passei a depender quando me sentia ameaçado pela bondade.

— Você só está tentando arranjar desculpas para Deus e para si mesmo. Não sou feliz por *minha* causa? É mesmo? Onde estava Deus quando mamãe não podia nem mesmo pôr comida na mesa? Onde estava você quando mamãe passava cada minuto livre transformando aquele novelo no único presente com que podia arcar? Eu imaginava que a família devia cuidar da família.

— Você está desequilibrado, filho. — Largou-me, tal como eu tinha largado o novelo.

— Não estou, não. Estou certo. Você sabe disso. — Senti que alguma coisa inesperada crescia dentro do vovô. Medo? Culpa? Eu não fazia ideia, mas não estava disposto a me retratar.

Ele deu um passo para trás e apoiou a mão em uma prateleira cheia de novelos. Avaliou-me durante alguns segundos. Eu tinha quase certeza de que ele estava tomando uma importante decisão.

— Todo mundo estava tentando ajudar vocês dois, Eddie. Mas sua mãe sempre recusou. Não somos ricos, como você sabe, mas poderíamos ter feito mais do que ela nos permitiu. Ela queria cuidar de você sozinha; achava que receber ajuda era o mesmo que receber esmola, e ela não queria isso. Não queria se sentir como se tivesse falhado. Estava errada e era teimosa. Acho que vocês dois têm muito mais em comum do que pensei.

Embora eu tivesse passado a infância usando botas de saco de pão para ir à escola, nunca fiz a menor ideia de quanto meus pais lutaram. Só depois da morte de minha mãe é que comecei a juntar os pedaços.

— Deixe-me lhe mostrar uma coisa. — Vovô espremeu-se entre as máquinas de costura e as estantes e caminhou para o canto de minha avó no celeiro. Segui-o, e ficamos um ao lado do outro em frente a uma lona verde. Cheirava a acampamento. Olhou-me de novo, como se ainda não estivesse bem certo se deveria fazer o que tinha em mente. Depois do que me pareceu ser uma eternidade, ele disse finalmente:

— Sua mãe não sabia. Não teria gostado. Teria pensado que era demais.

Agarrou o centro da lona e puxou-a.

Uma bicicleta Huffy novinha em folha.

Fiquei sem fala. Era o presente que desejava, mas que nunca havia recebido: vermelha com banco de vinil preto em forma de banana e guidões cromados altos e curvos.

Meus olhos desceram para os pneus. Vinte cartas de baralho tinham sido encaixadas entre os raios de cada roda para fazer um clique quando girassem. Reconheci imediatamente as cartas: eram do baralho favorito do vovô.

"Foi por isso que ele não quis jogar baralho comigo naquele dia", pensei.

Minha culpa multiplicou-se. Não podia me mover. Minha cabeça era um emaranhado de pensamentos, lembranças e emoções.

Vovô finalmente quebrou o silêncio.

— Pois é, Eddie, muitas vezes o presente que mais desejamos está bem à nossa frente, mas é preciso sair do próprio caminho para recebê-lo.

Eu não conseguia falar. Mas meu semblante dizia mais do que eu jamais poderia.

Vovô continuou:

— Sua avó sabia que eu tinha lhe ensinado alguns de meus truques para rastrear presentes, por isso não ia permitir que eu escondesse uma coisa dessas dentro de casa. Planejamos que lhe daríamos assim que terminássemos de abrir os outros presentes, quando você começou a teimar com sua mãe sobre dormir aqui. Eu... bem, quis lhe dar uma lição. — As palavras do vovô saíam engasgadas enquanto lágrimas escapavam de seus olhos e escorriam lentamente pelo rosto.

"Vovô estava chorando."

— Filho, se eu soubesse que algo tão simples quanto uma bicicleta poderia fazê-lo feliz, eu já lhe teria dado uma há muito tempo. Mas não é uma bicicleta que vai lhe trazer felicidade. Nem qualquer coisa material. Você tem de descobrir o caminho para coisas que lhe proporcionem a felicidade duradoura, e isso não se pode comprar.

Ouvia meu avô falando, mas estava absorto diante da bicicleta. Não conseguia despregar os olhos dela. Achava que ela podia desaparecer, assim como todas as coisas boas de minha vida.

— Veja bem, Eddie, você não está sozinho. Nunca esteve. Nós não o abandonamos, nem à sua mãe, e jamais o abandonaremos.

Eu queria falar, mas não conseguia mexer os lábios. Tudo aquilo em que acreditei revelava-se errado — e eu não estava preparado para enfrentar isso.

Vovô continuou:

— ...sobre aquele dia. Se ao menos eu não tivesse lhe ensinado a caçar os presentes. Se ao menos eu não tivesse tentado lhe dar uma lição. Se ao menos eu tivesse exigido que vocês ficassem. Se ao menos eu tivesse lhe dado a bicicleta. Se ao menos eu não tivesse sido tão... turrão.

Lentamente desloquei o olhar da bicicleta para meu avô. Seus olhos estavam vermelhos, lacrimejantes e muito cansados. Observei-o e senti o agora familiar peso das emoções desabando sobre mim, suplicando-me para ceder e me atirar em seus braços fortes. Recuei com cada grama de energia que me restava.

Todas as vezes em que confiei em alguém saí machucado. Todas as vezes em que relevei as coisas, fiquei arrasado. "Desta vez, não." Eu ia afastar todo mundo antes que me deixassem.

Controlei-me e fitei profundamente os olhos de meu avô.

— Você me deu o maior sermão sobre Deus e felicidade, mas olhe para si mesmo: você não é feliz. Vem enganando todo mundo no último ano, mas não a mim. Conheço você direitinho. — Eu não ia deixar para trás minha culpa e minha raiva assim tão fácil. E certamente não ia dividi-las com a pessoa que, para mim, era a causadora da maior parte de tudo aquilo.

Vovô estava petrificado. Parti para o golpe final.

— Mamãe poderia estar viva se você não nos tivesse feito partir naquele dia.

Agora foi a vez de o vovô ficar sem palavras. Percebi sua vulnerabilidade, o que me deixou ainda mais forte.

— Você pode ir à igreja quanto quiser, mas ninguém ali é verdadeiramente feliz. Por isso, pare com seus sermões. Pare de ficar me dizendo como as coisas são boas porque "Jesus me ama" e como somos felizes porque "Deus está conosco" e como "somos a pequena família perfeita". É tudo mentira. — Eu estava quase gritando. — Você sabe por que é uma mentira? Porque Deus não existe. Jesus não o ama. *Jesus nem se importa.*

Minhas palavras pairaram no ar, como se suspensas nos caibros empoeirados do velho celeiro. Mais uma vez as lágrimas escorriam pelo rosto de meu avô. E novamente parti para o golpe final.

— Sou a única pessoa *verdadeira* desta família. Sei quem sou. Serei feliz quando estiver longe daqui, quando não precisar me preocupar com as idiotices das outras pessoas, tal como fazer sua filha dirigir cansada.

Corri para fora do celeiro escondendo as lágrimas que rolavam pelo meu rosto. Meu avô ficou lá sozinho com a bicicleta e os fios de uma centena de suéteres não tricotados.

Eu contemplava o teto do meu quarto, o impecável reboco branco em contraste com o teto rachado e manchado do quarto de minha casa. Casa, lugar a que pertenci. Deveria estar chorando, mas não conseguia. Eu não estava triste.

Pensei na bicicleta e em tudo o que ela simbolizava: esperança e felicidade; morte e desespero. As palavras de meu avô invadiram minha mente. "Você precisa dividir seus fardos; você tem de confiar nas pessoas... Somos todos destinados a sermos felizes."

Eram sentimentos bonitos, porém apenas palavras. E eu estava cansado delas. A bola de neve em que minha vida se transformara tinha aumentado bastante. Russell estava certo — estabelecer o *quem* levaria ao "que" e ao "onde", e agora eu possuía as três respostas: a fazenda de meus avós era o "que" e fazia parte do "quem" eu *costumava* ser. Logo chegaria a hora de mostrar o "onde" a todos.

Pulei da cama e fui até a cômoda. Havia cinco gavetas, das quais eu usava quatro. Meu suéter ficava na quinta, bem no fundo. Era a única coisa que havia ali.

Havia um espelho pendurado acima da cômoda, mas evitei olhar-me nos olhos. Algo dentro de mim dizia que eu estava no caminho errado e que precisava recomeçar tudo com meus avós. Mas ignorei. Era fácil enganar outras pessoas; porém, por alguma razão, o espelho dificultava enganar a mim mesmo.

Peguei o suéter, segurei-o perto do nariz e senti o cheiro da mamãe. Sentia-me completamente perdido. Minha antiga vida e meu antigo eu desapareceram, e ela desapareceu com eles. Meu coração estava repleto de remorso.

"Nem mesmo tive a chance de dizer adeus."

Doze

Meu avô não perdeu tempo e continuou exatamente de onde tínhamos parado no celeiro. Depois do café da manhã, seguiu-me até a sala de visitas enquanto vovó lavava os pratos.

— Quem você imagina que está ferindo? — perguntou-me com uma voz cuidadosamente controlada. Os velhos olhos cansados do dia anterior estavam azuis e frios como aço.

— Só estou tentando sair daqui.

— Bom, isso não vai acontecer. Você ainda vai ficar aqui durante um bom tempo. Já lhe disse ontem: eu não vou a lugar algum, nem você, filho. Durante este tempo, você e eu vamos precisar chegar a um acordo. O que é inegociável é que você vai me obedecer e respeitar sua avó. Ela é a pessoa mais bondosa, meiga e generosa que você vai encontrar na vida. Já sofreu demais. Eu posso lidar com todo o seu rancor egoísta. Mas juro que se você partir o coração dessa mulher de novo, vai ter de se ver comigo.

Olhei para a cozinha. Vovó estava de costas para nós enquanto trabalhava na pia. Por um instante, senti culpa por aumentar seu fardo. Mas passou rápido.

— Então fique fora do meu caminho que ficarei fora do seu — resmunguei.

— Isso não vai funcionar, Eddie. Vou amar você, não importa quanto me desafie. Gostaria que não fosse dessa maneira. Eu preferia voltar a dar risadas e ir tomar sorvete na loja de ferragens. Quero que a vovó nos pergunte por onde estivemos nas últimas três horas. Quero lhe mostrar os outros esconderijos de presentes de Natal que descobri durante os anos. Porém, mais do que tudo, quero o meu melhor amigo de volta.

Eu mal podia acreditar — outro sermão. E ele não tinha acabado.

— Se você quiser continuar nesse caminho de autocomiseração, a escolha é sua, mas é o caminho errado. De qualquer maneira, não vou desaparecer. Estarei sempre aqui de braços abertos, pronto para lhe mostrar como a vida pode ser boa se você deixar que mais alguém participe dela. Mas até lá, vou vigiá-lo como um falcão. Você não me engana, Eddie. Entendo você melhor do que você mesmo.

— Pode me vigiar quanto quiser. Não me importo. Talvez você aprenda alguma coisa. Além do mais, há apenas uma pessoa por aqui que chega perto de me entender, e não é você.

Vovô ficou confuso por um instante, depois olhou para a cozinha.

— Não é a vovó — respondi com mais desdém do que eu sentia. — Estou falando do Russell!

— De quem?

— Russell. O homem que mora na casa ao lado.

— Eddie, não sei o que você pensa que está fazendo, mas pode parar com essa maluquice de Russell. Fui até lá com uns vizinhos algumas vezes, e não vimos ninguém, muito menos qualquer sinal de que os Johnsons venderam o lugar.

— Bem, então, obviamente vocês não se conhecem tão bem quanto pensam. O Russell mora lá, e ele me *entende.* Sabe quem sou.

Vovô me encarou.

— Nem eu sei mais quem você é, Eddie. Não sei se viu alguém ou se está arquitetando tudo isso como parte de uma espécie de plano de fuga que idealizou. Se o caso é esse, não vai funcionar. De qualquer modo, fique longe da fazenda dos Johnsons. Você não tem nada que fazer lá sem minha companhia.

— Está bem — respondi, embora eu soubesse que não ia adiantar nada. Nesse momento, percebi quanto meu relacionamento com vovô tinha se deteriorado. Ele nem mesmo conseguia confiar no próprio neto.

Como já havia se transformado em rotina, fiz exatamente o contrário do que meu avô recomendou.

Depois de caminhar até a fazenda dos Johnsons, atravessei o quintal e o curral. A égua estava do lado de fora. Observou-me passar e saudou-me com uma resfolegada e um abano de rabo. O mesmo animal antes tão genioso tornara-se dócil; como se fosse outro cavalo.

O degrau inferior da varanda tinha desaparecido, e precisei dar um pulo para alcançar o degrau seguinte. Uma vez na varanda, parei e escutei o sino de cobre azinhavrado pendurado perto da porta. Uma brisa suave forçou-o a emitir uns estalos e sons inexpressivos. Fiquei pensando se devia dar meia-volta e ir para casa.

"Que casa?"

A tela rasgada da porta abriu-se com um guincho quando a mola se esticou pela milionésima vez. Hesitei, mas bati na porta baixinho. Pequenas lascas de tinta velha ficaram grudadas nos nós de meus dedos. Estiquei o braço para bater novamente, pensando que não havia jeito de alguém não ter escutado. Então uma voz mansa surgiu atrás de mim.

— Oi, Eddie.

Eu devia ter me assustado, mas nada aconteceu.

— Oi, Russell.

— Eu estava mesmo querendo descansar um pouco. Sente-se ao meu lado.

Ele me guiou através da grama crescida até uma grande árvore com um banco de parque sob sua copa — um banco de parque de verdade. Ainda conservava uma propaganda desbotada das Páginas Amarelas.

— Consegui num leilão — disse ele simplesmente, respondendo à minha pergunta antes que eu pudesse fazê-la. — Ele sorriu. — Todo mundo precisa de um lugar para refletir um pouco. O silêncio é importante; é a única hora em que se pode ouvir o sussurro da verdade.

Não sabia como responder, por isso não disse nada.

Russell deixou escapar um suspiro profundo.

— É engraçado — continuou ele, com uma voz quase inaudível —, como tantas pessoas só olham para a superfície e nunca pensam no profundo significado das coisas. Acho que pode ser mais fácil dessa maneira, porque, quando percorremos a superfície, jogamos todos os problemas em cima da primeira pessoa que encontramos, e nunca em nós mesmos. — Fez uma pausa como se grifasse o que acabara de dizer. — Talvez seja por isso que as pessoas não se sintam à vontade em meio ao silêncio. O silêncio leva a pessoa a pensar, e pensar conduz à percepção de que nem todos os problemas são causados por outra pessoa.

Russell fechou os olhos. Eu sabia que ele poderia ficar ali sentado em silêncio durante um mês se eu o esperasse falar de novo. O silêncio era incômodo e desconfortável.

— Você não tem medo que seu cavalo fuja? — perguntei. — A cerca quebrada certamente não vai retê-lo aqui.

Russell manteve os olhos fechados enquanto pensava na minha pergunta.

— Se você trata bem um animal, ele não foge. Eles não são como nós. Só fogem de pessoas em quem não confiam. Na maioria das vezes, nós é que fugimos de nós mesmos.

Mais silêncio.

— Acho que praticamente terminei com essa garota — prosseguiu Russell. — Acho que ela já se lembrou bem de quem é. E está feliz. Não há muito mais que eu possa fazer. É provável que eu lhe dedique mais alguns dias para então pegar de novo a estrada.

"Mais um", pensei comigo mesmo. Toda pessoa de quem me aproximei partiu. Por que não Russell?

Ele levantou a cabeça e olhou no fundo dos meus olhos. Parecia enxergar através de mim.

— O que posso fazer por você, Eddie?

— Nada, só vim aqui lhe dar um alô. — Mentir estava se tornando minha segunda natureza.

Russell virou a cabeça e apanhou uma varinha entre os pés.

— Olhe, Eddie, às vezes ficamos tão enrolados na vida que não percebemos o óbvio. Ficamos tão imersos em nossos próprios problemas que na maioria das vezes deixamos de ver o que está...

Terminei a frase quase automaticamente.

— Bem debaixo do nosso nariz?

— É, sim, deixamos de ver as coisas mais próximas a nós. É como a velha expressão "não se pode ver a floresta por causa das árvores". Você está na floresta bem agora, Eddie, mas está muito perto das árvores para percebê-la. Talvez precise recuar um pouco para poder ver o cenário maior.

Balancei a cabeça concordando. Sabia que Russell iria entender. Tive a impressão de que ele já sabia exatamente o que eu planejava fazer — me afastar dessa rua deprimente.

Russell prosseguiu:

— Olhe, todos nós somos compostos de duas partes. Há uma parte que *pensa* e outra parte que *sente*. Normalmente as duas trabalham em conjunto, e tudo fica bem. Mas muitas vezes a vida nos castiga, e uma parte se sobrepõe à outra. Por exemplo, você sente muita falta de seu pai, não é mesmo, Eddie?

Fiquei pensando em como ele sabia sobre o meu pai, mas àquela altura eu estava mais curioso sobre onde a conversa ia acabar.

— Claro que sim — respondi cautelosamente.

— Bem, você *pensa* bastante nele, mas com que frequência você se lembra dos sentimentos que tinha quando ele estava vivo? Quando você pensa nele agora, visualiza-o em uma cama de hospital ou no caixão no dia do enterro. Você substituiu os sonhos pelos pesadelos.

Era difícil contra-argumentar. Olhei para a égua.

— Você fez a mesma coisa com sua mãe. Substituiu as boas lembranças das panquecas e dos risos pelas lembranças dolorosas de uma discussão e de um acidente de carro. Você precisa parar de pensar tanto e começar a sentir novamente, até mesmo quando... — fez uma pausa e depois falou: — Até mesmo não, mas *especialmente* quando dói.

A visão de minha mãe deitada no caixão surgiu involuntariamente em minha mente, como já havia acontecido muitas vezes. Mas agora, pela primeira vez desde sua morte, eu era capaz de expulsá-la e substituí-la pelo modo como me sentia. Senti felicidade e aconchego, alegria e dor — mas, acima de tudo, uma tremenda vontade de vê-la novamente. Pela primeira vez, senti saudades de minha mãe.

— Eddie, seus pais fizeram um bom trabalho tentando lhe ensinar a viver a vida. Mostraram-lhe que, independendo do que acontecesse, tudo ficaria bem. Mas olhe o que você fez com essas lições: enfurnou todas em uma bola e jogou-as no chão.

Desviei o olhar. Sabia que ele tinha razão.

— Você não está vivendo no presente, Eddie. Está vivendo no passado. A vida está aqui para ser traçada e moldada de acordo com aquilo que você deseja ser. Mas você tem feito exatamente o contrário: deixou que a *vida* traçasse e moldasse você. Você não faz ideia de *quem* é de verdade porque, bem agora, você não é ninguém. Está vazio por dentro.

"Como é?" Eu estava furioso. Como Russell podia dizer aquilo? Eu sabia exatamente quem era. Estava a ponto de lembrá-lo isso, mas ele não estava interessado. E continuou falando:

— As duas palavras mais poderosas em qualquer língua são "eu sou". Essas duas palavras contêm todo o poder criativo dos céus. Foi a resposta dada por Deus na Sarça Ardente para a pergunta de Moisés: "Quem devo dizer que me enviou?", "Eu sou o que sou". É o nome de Deus.

— Não acredito em Deus.

Russell olhou para mim um instante.

— Ele sente muito por ouvir isso. Talvez seja porque você invocou Seu nome para criar algo que você não é — uma realidade que só existe porque você a fez assim.

Eu não fazia a menor ideia do que ele estava falando. Ele deve ter percebido a confusão em meu rosto.

— Eddie, quando foi a última vez em que você pensou ser realmente feliz, forte, uma boa pessoa ou uma pessoa digna? — Sua voz era forte, autoritária.

Meu silêncio dizia mais do que jamais pude dizer.

— Você desperdiçou tempo demais de sua vida transformando-se em algo que você não é: uma vítima. Ninguém pode *fazer* do outro uma vítima; só você pode fazer isso... e você conseguiu. Mas há outra escolha possível: você pode escolher ser um *sobrevivente.*

Uma torrente de lembranças aflorarou em minha mente.

Papai tentando me ensinar a empinar pipa na rua de casa. Cada vez que ele ia soltá-la surgia outro carro virando a esquina, e a pipa embicava no asfalto.

Tentei afastá-la.

Papai e eu jogando futebol no quintal. Ele costumava atirar a bola tão longe que eu precisava correr até o quintal do vizinho para pegá-la.

— Sinta, Eddie, *sinta.*

Papai e eu andando na neve, os postes de luz faziam seu rosto brilhar.

De repente, senti um buraco no estômago.

— Não pense ainda, filho, *sinta.*

O rosto de papai resplandecia novamente, mas agora estava sob as fortes luzes brancas do seu quarto no hospital. Parecia cansado e frágil. Um instante de escuridão. Eu estava em seu velório. "Que Seus conselhos te guiem e sustentem; Que a segurança do Seu aprisco te ampare; Deus te acompanhe até nos vermos de novo."

Por mais que tentasse, eu *não* conseguia sentir. Estava inundado de pensamentos. Onda atrás de onda, lembrança atrás de lembrança.

Não podia mais lutar com aquilo. Tudo parecia tão esmagador.

Deixei para lá. Russell estava de costas para mim. O cavalo comia calmamente em sua mão.

— Você tem um futuro tão brilhante — disse ele. — Só precisa acreditar nele.

— Acho que está na hora de eu ir para casa.

Russell não virou mais de frente.

— É isso aí, Eddie. É isso aí.

Dessa vez, não comentei sobre Russell com o vovô. De nada adiantaria. Só falávamos absolutamente o necessário. Ele resolveu que tudo o que eu fazia era egoísta e manipulador, e sua desconfiança crescente era a desculpa de que precisava para ser o mais implacável e desrespeitoso adolescente de 13 anos que eu já começava a acreditar ser.

Em vez de fingirmos um relacionamento normal e feliz, desencadeamos um ciclo irritante que sugava cada grama de benevolência no interior de nossa casa.

Vovó merecia coisa melhor.

Não que fosse rude comigo; apenas havia desistido de ser amável. Talvez estivesse me esperando crescer, ou talvez já estivesse cansado de tudo. Mas fosse qual fosse a razão, vovô respondia aos meus insultos constantes com indiferença. Palavras duras e restrições de privilégios reservavam-se para quando eu quebrava as regras ou ultrapassava o limite ao descarregar minha raiva sobre vovó.

Incapaz de despertar simpatia em casa, busquei-a com os Ashtons.

— Não posso mais ficar lá, Taylor — disse-lhe um dia durante o almoço na escola.

— Para onde você vai? — perguntou ele, bem como eu esperava.

— Se pelo menos eu pudesse dar um tempo, talvez as coisas se acomodassem.

— Vamos falar com meus pais — ofereceu ele.

Até que enfim.

Treze

As aulas foram suspensas dez dias antes do feriado porque o Natal caiu no domingo. Vovô saiu um pouco mais tarde do que de costume para caçar durante três dias em sua viagem anual: o que me deu a chance perfeita para, finalmente, colocar meu plano em ação.

— Vovó, você se incomodaria se eu dormisse umas noites na casa do Taylor? Os pais dele já me disseram que não tem problema. — Vovô jamais permitiria isso, mas vovó era mais flexível. Ela ainda estava sob a impressão errônea de que eu podia ser "salvo", e usei isso contra ela.

Para minha surpresa, ela não respondeu imediatamente. Comecei a me preocupar de ter avaliado mal a situação.

— Seu avô não aprovaria, mas confio em você, Eddie. — Olhou bem no fundo dos meus olhos quando disse. — Conheço seu coração. E como serão poucas noites, acho que não tem problema. — Uau! Em silêncio, suspirei de alívio.

Corri para o meu quarto, abri a janela e joguei o saco de acampar que roubei do celeiro. Continha quase tudo o que era meu e algumas outras coisas que não eram; tudo enfiado em cada compartimento e em cada cantinho. Mirei bem longe, torcendo para que não fizesse muito barulho ao cair no chão.

— Até logo, querido — disse vovó quando os Ashtons chegaram em seu Lincoln Continental. Fiquei surpreso por ninguém perguntar por que eu não ia andando, como tinha feito centenas de vezes. Enquanto vovó trocava umas palavras com a sra. Ashton, Taylor abriu a porta do carona e me ajudou a enfiar a estufada bagagem.

Tive a sensação de que finalmente havia escapado.

Como o sr. Ashton estava em mais uma de suas curtas viagens de negócios, Taylor e eu nos dedicamos a tratar sua mãe como uma rainha. Fazíamos seu café da manhã, tirávamos o lixo, passávamos até o aspirador de pó nos tapetes e lavávamos os pratos sem que precisasse pedir.

O tempo todo a vigiávamos como um falcão, aguardando até que ela estivesse perfeitamente disposta. Não estranhamos que isso tivesse acontecido dois dias depois, por volta das quatro horas da tarde. Com um sorriso no rosto e um copo de cristal na mão, a sra. Ashton assistia à TV quando fizemos nossa abordagem.

— Mãe — começou Taylor —, o Eddie e eu queremos conversar com você sobre uma coisa.

— Claro — respondeu ela, sem desviar os olhos da TV. — O que é?

Taylor olhou para mim; agora era a minha vez. Nem conseguia contar quantas vezes eu tinha ensaiado o que estava prestes a dizer. Firmei a voz.

— Janice — comecei —, meus avós são infelizes, e eu também.

Ela parou de olhar a TV e virou-se para mim. Agora eu tinha sua atenção.

— Eles estão muito velhos para me entender de verdade — prossegui. — Além disso, me sinto mal porque a vovó só quer paz e sossego, e eu não passo de um fardo para eles.

— Ah, Eddie, tenho certeza de que isso não é verdade.

— É, sim, Janice, pode acreditar. Já tentei de tudo, mas

não vemos mais as coisas da mesma maneira. Acho que nós três seríamos muito mais felizes se eu pudesse vir morar um tempo com vocês. Meus avós ficariam bem com isso. Na verdade, eles podem até não admitir, mas penso que, no fundo, eles estão esperando por isso. — Para mim, não era difícil vender essa ideia porque eu acreditava nela de verdade. Eu tinha me fechado emocionalmente há tanto tempo que pensava que meus avós ficariam encantados se eu partisse. Poderiam prosseguir com suas vidas e eu, com a minha. Além disso, eu sabia o que queria e aonde estava indo — e isso não incluía ficar plantado em uma fazenda.

A sra. Ashton franziu a testa.

— Bem, Eddie, se seus avós estão mesmo de acordo com isso, então também estou. Mas vou ter de conversar com Stan sobre o assunto quando ele chegar amanhã.

Balancei a cabeça e olhei para Taylor. Precisei de cada grama de autocontrole que me restava para não sorrir.

O dia seguinte seria o terceiro dia desde que eu partira, e eu sabia que meu avô logo voltaria de sua viagem. Quando ele descobrisse que eu estava fora há tanto tempo, telefonaria para os Ashtons, ou pior, viria direto à casa deles.

O sr. Ashton chegou cedo em casa naquela manhã, e agora Taylor e eu estávamos de pé na frente de seus pais, na sala de visitas.

— Eddie — disse a sra. Ashton delicadamente —, nós compreendemos. Estamos mais do que felizes em ter você aqui, mas vamos ter de fazer uns arranjos. Vão procurar algo para fazer enquanto Stan e eu resolvemos algumas coisas.

— Você está preparado para ter um irmão? — perguntei ao Taylor presunçosamente, depois que seus pais saíram da sala.

Eu vinha ansiando por esse momento — em que eu finalmente seria feliz — por mais tempo do que podia me lembrar. Então, por que me sentia da mesma forma como quando descobri o suéter naquela manhã de Natal?

"Todos nós somos compostos de duas partes. Há uma parte que pensa e outra parte que sente."

Esse era o problema. Estava me *sentindo* ótimo, mas minha parte pensante sabia que eu não conseguiria o que esperava. Eu teria o que merecia.

Depois do almoço, o sr. Ashton pediu que nos aprontássemos para sair.

— Preciso ir ao mercado, Taylor. Por que você e o Eddie não vêm comigo? Podemos tomar sorvete.

Entramos no Lincoln, pegamos a estrada e passamos pela fazenda do Russell. Como sempre, parecia abandonada. Não demorou muito para avistarmos a fazenda de meus avós. Enquanto nos aproximávamos, fui escorregando no banco e torci para que não estivessem na janela. Agora eu tinha uma nova vida.

— O que você está fazendo? — gritei quando o sr. Ashton entrou na fazenda, passou pelo velho arado de meu avô e dirigiu-se até a casa. A silhueta de minha avó tornava-se mais nítida à medida que nos aproximávamos.

— Eddie, Janice e eu viemos aqui na noite passada e passamos quase duas horas com seus avós. Eles não veem as coisas exatamente do mesmo jeito que você. Sei que é difícil de acreditar, mas ficar com eles será melhor.

Por um momento, pensei em grudar minhas pernas no banco da frente e me recusar a sair do carro. Tinham me traído. Eles me feriram. Senti como se uma faca fizesse um círculo em meu coração, revirando dentro do meu peito e levando-me a gritar por socorro. Não conseguia acreditar que os Ashtons e os meus avós tinham conspirado contra mim. Feria meu orgulho pensar que fui idiota a ponto de não perceber o que estava acontecendo.

Fiquei sentado no banco traseiro, furioso, vazio, confuso. O lado esquerdo do meu corpo estava aquecido pelo ar quente, mas a porta aberta fazia meu braço e minha perna tremerem de frio. Meus quadris doíam. Meus olhos ardiam. Lutei contra as lágrimas como jamais lutara em toda a minha vida.

De pé ao meu lado e com o banco retraído, o sr. Ashton esperava que eu saísse.

Taylor permanecia ao meu lado, com os olhos grudados no chão. Fiquei pensando se ele também tinha me traído.

Uma dúzia de palavras grosseiras, odiosas, invadiu minha mente, mas não disse nada. Na verdade, permaneci em silêncio durante as 24 horas seguintes.

— Eddie, por favor, fale conosco... — Vovó repetia seu discurso sobre quanto me amavam e dizia o mesmo sobre os Ashtons. Meus avós estavam feridos e desapontados, mas especialmente confusos. Não conseguiam entender como eu podia pensar que eles seriam mais felizes se eu partisse.

Meu avô pareceu mais indulgente se comparado ao período anterior à minha partida, mas não se derramava abertamente como minha avó. Nada se comentou na época, mas vovô sabia exatamente quem era Stan Ashton: o cara da cidade grande que ele teria feito pagar para levar sua madeira e suas janelas embora.

— O Natal está chegando — disse ele mais tarde naquela noite, na esperança de que pudéssemos deixar o passado no lugar a que pertencia. — O que você acha de aproveitarmos e começarmos o ano com um novo olhar para as coisas?

— Novo olhar? — perguntei, incrédulo. Vovô involuntariamente transformara minha tristeza em uma raiva contida que explodiu em meu rosto, deixando-o em brasa. — Novo olhar? Você vai trazer o papai e a mamãe de volta à vida? Vai me dar uma vida como a dos outros meninos? Como a do Taylor? Você acha que posso esquecer tudo o que aconteceu?

— Não esqueça, Eddie... *perdoe*. Você não tem de esquecer o passado, mas tem de avançar através dele. A maioria das poças em que você está se revolvendo foi você mesmo quem fez.

— Você continua falando comigo como se isso fosse mudar alguma coisa. Tenho 13 anos, e minha vida já está acabada.

Minha avó surgiu entre nós.

— Eddie, você tem razão. Somos muito velhos para lidar com um adolescente, mas estamos nos empenhando bastante. Já vimos e enfrentamos muitas coisas. Sabemos que tudo vai ficar mais fácil; você só precisa aguentar por um tempo.

Levantei-me e tirei as mãos do bolso.

— Está bem. — Reuni o máximo de dor e raiva em meu semblante. Voltei-me para meu avô, mas meu olhar não era páreo para o dele. — Vocês não me querem aqui, e eu não quero estar aqui. Agora, graças a vocês, meu único amigo também não me quer. — Dei as costas e voei para o meu quarto, batendo a porta com tanta força que um dos quadros da vovó despencou da parede no corredor.

Era um retrato de minha mãe.

Menos de um minuto depois a porta se abriu, e meu avô entrou com a sacola que eu tinha levado na fuga. Eu mal conseguia arrastá-la pelo chão, mas ele a carregava facilmente com uma das mãos. Colocou-a de pé e descansou sobre ela a palma de sua mão enquanto me encarava.

— Sente-se, Eddie.

Sentei-me na cama e ergui a cabeça para olhá-lo.

— Essa tolice acaba esta noite. Já enxuguei mais lágrimas de sua avó nesse último ano do que se somasse todos os anos que passamos juntos. Na noite passada ela me disse que desejava ter morrido no lugar de sua mãe. Você acha que o mundo todo está contra você. Mesmo que isso fosse verdade, não seria desculpa para tratar as pessoas do jeito que trata. Você está aqui porque somos uma família. Não se usa a família.

— *Não* tenho nenhuma família — rebati asperamente. — No que me diz respeito, minha família está morta.

Se todos somos filhos de Deus, eu queria ferir um deles exatamente do jeito que Ele me feriu. A escuridão se fechava à minha volta.

A expressão no rosto de meu avô transfigurou-se. O número de rugas em sua face era o mesmo, mas elas mudaram de direção quando a raiva controlada transformou-se em profunda dor.

— Não diga isso. Jamais repita isso. Você é tudo para nós, assim como era tudo para os seus pais. Eddie, somos nós que escolhemos nosso caminho. O seu tem sido difícil e tem havido umas manobras erradas, mas vai encontrar o rumo certo. E vamos estar lá para ajudá-lo.

Suas palavras eram agradáveis, mas não me consolavam. Naquele momento, percebi que minha teimosia era mais poderosa do que sua bondade. Aquele seria o único jogo que vovô perderia, porque agora eu dominava o sistema.

E eu sabia como aquele jogo iria terminar.

Na sexta-feira, revirei minhas coisas, enfiei o máximo que pude em minha mochila e a escondi no armário. Permanecemos quietos naquela noite, evitando que nossos caminhos se cruzassem.

— Amanhã é véspera de Natal, Eddie. No mínimo você deveria estar um pouco ansioso — disse vovó, tentando quebrar o gelo durante o jantar. — A previsão do tempo diz que finalmente poderá nevar!

"Claro que poderá", pensei, "não há mais neve aqui".

Fiquei calado.

Mais tarde, fui assistir à TV no andar de baixo. Eu não sabia quando teria outra oportunidade para ver o programa de Johnny Carson e, além disso, estava muito perturbado para dormir. Enquanto passava nas pontas dos pés pela porta fechada do quarto de meus avós, ouvi algo. Era muito tarde para estarem acordados. Parei para escutar. Os sons abafados pareciam os da televisão quando eu abaixava quase todo o volume. Mas não podia ser um aparelho de TV; eles só tinham um.

Minha avó dizia alguma coisa entre soluços. A voz de meu avô era suave e confortante. Dei meia-volta e fui para o meu quarto.

O som metálico do despertador me tirou de um sono profundo. Levei um minuto para lembrar onde estava e o que estava acontecendo. Esfreguei os olhos e procurei o velho relógio de corda que havia colocado para despertar às três da madrugada. Eu tinha posto uma meia por cima dele para abafar o som. Empurrei o pino para interromper o alarme e pulei da cama. Embora pudesse ser mais dramático fazer uma corda com os lençóis e fugir pela janela, eu já não precisava de mais drama nem de uma boa história para contar aos amigos. Só precisava sair.

Peguei o suéter da prateleira inferior da cômoda e prendi-o sob o queixo. Agora ele serviria perfeitamente.

Coloquei-o sobre o espelho pendurado na parede; o mesmo espelho que eu evitara olhar, com medo de me deparar com o que eu tinha me transformado. Prendi-o por trás, e ele ficou pendurado, cobrindo completamente o espelho. Agora o antigo Eddie e o meu suéter de Natal poderiam finalmente ficar juntos. Fiquei feliz por dizer adeus aos dois e a toda infelicidade que representavam.

Apesar do meu pesado casaco de inverno, consegui colocar desajeitadamente as alças da mochila em meus ombros. Vesti o gorro e as luvas de lã e desci as escadas sem fazer barulho, dando um passo de cada vez e uma pausa depois de cada degrau para deixar o rangido passar.

Cheguei ao pé da escada, respirei fundo e saí pela porta da frente para cair no mundo.

Catorze

Estava mais escuro do que eu esperava. Os pedaços de gelo espalhados pela grama queimada mostravam que a última nevasca não passava de uma remota lembrança.

Meu plano era pegar uma carona para a cidade. Não estávamos muito longe da fábrica da Boeing. Por isso eu sabia que já haveria carros na estrada a essa hora. Mas a silhueta do celeiro me deu uma ideia melhor. Tirei a lanterna elétrica do vovô do bolso do casaco e a acionei. As pilhas estavam no fim, mas era o suficiente para eu chegar ao celeiro. Se eu abrisse a porta, ela iria arrastar no chão e fazer um barulho terrível. Então, prendi a lanterna sob o queixo e a suspendi, abrindo-a com muito cuidado.

Com o facho de luz da lanterna, os objetos no celeiro projetavam sombras alongadas e fantasmagóricas. O museu das máquinas de costura poderia ter sido uma câmara de tortura. Dirigi-me para a lona que cobria o presente que nunca ganhei. Levantei-a e senti o metal gelado do guidão através de minhas luvas de tricô. Pousei a lanterna no chão e retirei todas as cartas dos aros; assim ninguém poderia me ouvir partir. Notei que meu avô só tinha usado copas. O toque da vovó, pensei com meus botões. Deixei os corações espalhados por todo o chão.

Tentei manobrar a bicicleta de seu apertado esconderijo, mas o descanso engatou em uma das pernas da estante. Meadas e novelos de lã despencaram no chão em câmera lenta. Guiei a bicicleta através da bagunça e saí pela porta.

Fiquei com medo de todo aquele barulho ter acordado meus avós, mas suspirei de alívio ao perceber que a casa atrás de mim continuava às escuras, quando o arado do vovô finalmente surgiu em meu campo de visão. Eu sabia que não levaria muito tempo para o vovô estar de pé fazendo suas tarefas e perceber que eu tinha ido embora. Eu duvidava que ele se importaria a ponto de pegar a caminhonete e sair atrás de mim, mas com vovó era diferente. Se alguém poderia se incomodar com a minha partida, seria ela. E vovó podia ser bastante persuasiva quando queria.

"Será que alguém iria mesmo me procurar?"

Mount Vernon ficava a uma hora e meia de carro. Eu não fazia a menor ideia de quanto demoraria de bicicleta. Eu esperava poder chegar lá ao anoitecer. Felizmente, alguns meses antes, Taylor me mostrou um atalho para a estrada principal que atravessava um milharal atrás de sua casa. Isso não só economizaria tempo, mas também me manteria fora da estrada, no caso de o vovô me procurar.

"Será que alguém iria mesmo me procurar?"

Virei à esquerda, pedalando pelo espaço estreito, emaranhado e cheio de mato, entre a linha branca e a vala de drenagem. Quando meus olhos se acostumaram com a escuridão que antecede o amanhecer, vi a entrada da casa de Russell.

O rangido da correia da bicicleta e dos pneus eram os únicos sons que eu ouvia no começo. Depois, o vento que atravessava as árvores nuas uniu-se ao coro. Depois disso não se ouvia mais nada, exceto a minha respiração.

A casa de Russell estava completamente às escuras. Liguei a lanterna, saí do caminho da entrada e fui para o curral. Esperei que o pálido facho de luz amarelada me revelasse a égua dormindo, mas, em vez disso, tudo estava vazio.

Parei a bicicleta junto da casa e vasculhei cuidadosamente os degraus da varanda. Havia algo errado com o silêncio. Direcionei a lanterna para onde deveria estar o sino de cobre. Nada. Desliguei o pequeno aparelho e olhei pela janela, em busca de algum sinal de vida no interior da casa. Apontei o facho de luz para a grande árvore sob a qual tínhamos nos sentado no banco do parque... que tinha sumido.

"E Russell também."

Com o sumiço de Russell, não havia nada nem ninguém que me pudesse fazer falta naquela insípida cidadezinha rural. Montei na bicicleta, segui a lua pelo caminho da entrada até a estrada principal e peguei o rumo da cidade. Pela primeira vez na vida eu estava completamente livre. E me sentia maravilhosamente bem.

Após alguns minutos de pedalada, a entrada da casa de Taylor surgiu à minha frente. Fiquei contente por não ter tempo de me deixar levar pela raiva que revolvia meu estômago e encher sua caixa de correio de pancadas.

Em vez disso, só pedalei. Não me despedir deveria bastar como uma boa vingança. Vi à frente a estrada estreita de que Taylor me falou. Embiquei a bicicleta em sua direção. A trilha lamacenta e pedregosa tinha sulcos profundos e era cercada dos dois lados por uma compacta parede cinzenta de pés de milho mortos e podres. Enquanto pedalava, as fazendas tão familiares davam lugar a paragens desconhecidas. O céu agora estava claro, e o luar me ajudava a desviar dos buracos do caminho. "Ninguém vai me achar", pensei. "Ninguém está mesmo me procurando." O pensamento encheu meu coração de raiva.

Na solidão do milharal eu podia dizer tudo o que queria, e ninguém iria me ouvir. Ninguém, exceto Deus. Eis uma chance para dar vazão à minha fúria.

— Odeio você! — gritei. O céu pareceu engolir minhas palavras. Não houve sequer um eco. Pedalei mais rápido. — Pedi para você ajudar minha mãe a ser feliz, e você não conseguiu. Em vez disso, você a tirou de mim quando mais precisava dela. Meu pai era um homem bom, e você não poderia ter sido mais negligente com ele. — Fiz uma pausa, como se esperasse uma resposta. Não veio nenhuma. Descarreguei toda a minha ira nos pedais.

Sentia-me sozinho. Gritar para o nada era a única coisa que me confortava.

— Tudo o que lhe pedi foi esta estúpida bicicleta, e até isso foi muito para você. Você não passa de uma fraude. Odeio você!

Nesse momento, palavras ecoaram através dos pés de milho e dentro de minha cabeça. Pareciam vir de todos os cantos e de nenhum lugar, todas de uma só vez. A voz era bastante parecida com a minha, mas meus pensamentos nunca tiveram toda aquela força nem tanta clareza.

— *Muitas vezes o presente que mais desejamos já está conosco, mas precisamos sair do nosso próprio caminho para recebê-lo.*

Cerrei meus dentes e fiquei em pé nos pedais.

— Não é culpa minha! — gritei o mais alto que pude, pedalando mais rápido, como se tentasse suplantar a voz. De repente, o pneu da frente resvalou em um buraco, e a bicicleta foi ao chão, parando atravessada no caminho. Soltei um grito quando caí na estrada imunda. Não sei por quanto tempo fiquei ali deitado, mas quando finalmente me sentei, a lua tinha ido embora. Mas as vozes não.

— *Vá para casa, Eddie. Apenas vá para casa.*

— Não! — gritei. — Não tenho casa!

A voz repetia palavras que eu já tinha ouvido antes.

— *Os animais fogem das pessoas em quem não confiam; na maioria das vezes nós fugimos de nós mesmos.*

"Por uma boa razão", pensei. Eu não conseguia mais me suportar. Tinha me transformado em algo que detestava e culpava qualquer um ou qualquer coisa por isso.

Levantei-me devagar para vistoriar a bicicleta. A correia tinha saído, e o garfo da frente estava completamente torto, assim como o aro do pneu, tornando-os imprestáveis. E agora, o que eu ia fazer?

— *Ninguém consegue fugir de si mesmo — sussurrou a voz.*

— Quer apostar? — gritei.

Comecei a correr, primeiro pela trilha imunda, depois pelo campo, meio às cegas por ter de proteger os olhos das ferroadas e dos arranhões dos pés de milho. Alguns metros à frente, um bando de corvos levantou voo, guinchando com selvageria.

Meu coração batia tão forte que pensei ser possível vê-lo através de meu casaco. Caí de joelhos e olhei para o amanhecer.

— Odeio você — disse baixinho.

— *Eu amo você* — respondeu a voz.

Fiquei ali deitado por um longo tempo, machucado e exausto. Vinha fugindo dessas vozes estranhas, mas agora minha cabeça estava cheia da minha própria voz.

"Por que não falei com vovô? Por que sempre recuei quando vovó tentava se aproximar de mim? Por que tentei ferir minha mãe?"

— *Eu amo você* — repetiu a voz. — *Vá para casa, Eddie, está tudo bem.*

"Como podia estar tudo bem? Como alguma coisa poderia ficar bem de novo?" Nesse instante, comecei a derramar as primeiras lágrimas sinceras de toda minha vida. Já tinha chorado antes, mas dessa vez as lágrimas vinham de um lugar mais profundo. Imagens de minha família invadiam a minha mente. "Eu os amava. E me odiava." Bem no fundo, desejava que me perdoassem.

"Olhe para si mesmo", pensei. Tinha apenas 13 anos e já estava tão destruído quanto o milho ao meu redor. A vida não podia ser isso. Mas quando a vida tinha sido o que eu imaginava? Desejei poder recomeçar tudo. Desejei ter o direito a uma segunda chance para fazer tudo diferente. Mas não existem segundas chances.

Como alguém poderia me perdoar depois de tudo que fiz? Como eu poderia olhar meu avô nos olhos sabendo que tudo o que ele iria ver seria o garoto em que eu tinha me transformado no último ano? Eu estava tão vazio e tão morto por dentro quanto o milharal em que me encontrava. Talvez eu pertencesse àquele lugar. Talvez fosse ali minha nova casa.

Passados alguns minutos, enxuguei as lágrimas, peguei a mochila e saí tropeçando. Voltei sem muita certeza da direção de onde viera, seguindo um rastro de galhos quebrados. Eu não fazia a menor ideia de onde estava ou de quanto tinha percorrido em minha desabalada fuga pelo campo. Escalei uma pequena colina, alta o bastante para olhar de cima a área do milharal e estudar a região. Olhei na direção da qual imaginava ter vindo, mas a estrada tinha desaparecido, e não havia sinal de minha bicicleta.

Nada me parecia familiar. A terra era plana, morta e árida; uma vastidão interminável de pés de milho marrons, pretos, cinzentos. Olhei para trás. Vi uma estrada, mas não a que tinha percorrido antes. Era esburacada e deserta e, no fim dela, formava-se algo que me encheu de terror: uma negra e tortuosa tempestade.

— *De onde ela veio? Por que não a vi antes?*

Uma voz nova e impetuosa dirigiu-se a mim. Parecia vir de dentro do milharal.

— *Você estava certo, Eddie. Deus não se importa. Nunca se importa.* — As palavras repetiam meus próprios pensamentos e deveriam ser reconfortantes. Mas o tom fazia minha espinha arrepiar-se.

A voz mansa, agora familiar, respondeu baixinho:

— *Deus ama você, Eddie. Vá para casa. Tudo vai ficar bem.*

— *Não, Eddie* — retrucou a voz de dentro do milharal, aumentando a intensidade. — *Seu lugar é aqui. O milharal é a sua casa.*

Olhei novamente a tempestade. Preto, verde-escuro e prata embolavam-se em uma nuvem arquejante no céu. O temporal parecia estranhamente vivo. Atraente.

Com uma voz semelhante à minha, o milharal arremedou:

— *Vou merecê-lo. Prometo.*

Porém, sempre que a voz arrogante disparava, o reconfortante sussurro contra-atacava:

— *Vá para casa.*

— Não posso ir para casa — gritei. — Nem sei como chegar lá.

— *Enfrente a tempestade* — aconselhou o sussurro.

O milharal respondeu imediatamente, num temor de que eu pudesse dar ouvidos à voz mansa:

— *A tempestade vai esmagar você, Eddie. Ela destrói todos os que a enfrentam.* — Minuto a minuto, a nova voz ganhava confiança, tornando-se mais alta e forte. — *Olhe em volta, Eddie. Você está em casa. Você pertence a este lugar.*

Olhei ao redor e percebi que a voz tinha razão. Aquele era o lugar onde eu merecia estar. Não era um consolo, mas ao menos não haveria mais sofrimentos.

— *Você merece tantas outras coisas, Eddie.* — O delicado sussurro tornara-se quase inaudível. Sabia que estava perdendo. — *Você só precisa dar o primeiro passo.*

Estava encurralado. À minha frente, uma tempestade que não prometia nada, exceto a morte; atrás de mim, um muro de sombras e arrependimentos. Então fiquei ali. Com medo de seguir em frente...

E incapaz de voltar.

Quinze

A tempestade uivou e gemeu enquanto a enfrentei. Caí de joelhos e recomecei a chorar. E dessa vez, não só chorei. Eu *gritei*.

— Mamãe!

Via seu rosto em minha mente. Toda a culpa, a raiva e as acusações que se acumulavam desde sua morte — e bem antes dela — saíram de mim como uma torrente. Levei um minuto para transformar essas poucas palavras em palavras soluçadas, engasgadas e trêmulas, que encheram o ar à minha volta.

Então rezei.

— Deus — gritei —, eu estrago tudo que faço. Por favor, ajude-me a encontrar um caminho para que todo mundo saiba quanto sinto por tudo que fiz e por todos os meus fracassos. — As imagens de minha mãe, meu pai, vovó e vovô invadiram minha mente. Já não me importava comigo; estava resignado a levar uma vida semelhante ao milharal, mas não suportava imaginar não poder reparar o que tinha feito.

Não sei o que eu realmente esperava, mas quando abri os olhos o mundo era exatamente o mesmo: a escuridão que antecede a alvorada, o muro de milhos mortos atrás de mim e a tempestade surrealista e avassaladora à minha frente. Uma sensação de horror e desespero tomou conta de meu peito: talvez seja tarde.

Em resposta aos meus pensamentos, o sussurro falou novamente:

— *Enfrente a tempestade, Eddie.*

Algo farfalhou no milho atrás de mim. Dei meia-volta.

— Oi, Eddie.

Era uma voz nova, porém estranhamente familiar. Um homem surgiu da escuridão. A luz dos raios da tempestade deixou que eu visse um breve lampejo de seu rosto.

— Russell? — fiquei pensando há quanto tempo ele estava ali.

— Está tudo bem, Eddie?

Levantei-me e falei asperamente.

— Não.

— Para onde você vai? — perguntou ele.

— Para casa.

Russell parecia confuso.

— Então o que está fazendo aqui?

— Estou perdido.

— Bem, isso não é verdade.

Olhei para ele intrigado.

— Não é?

— Não. — Russell me olhou como se pudesse enxergar através de mim. — Você está exatamente onde devia estar.

— Que lugar é este?

— É o mundo que você construiu para si próprio.

— Eu construí? — Não gostei de ser o autor de tanta desolação e desespero.

Seus olhos inquisidores caíram sobre mim.

— Você sabe como veio parar aqui?

Tive vergonha de contar a verdade.

— Tive um acidente com a minha bicicleta e acabei neste milharal. Depois a estrada desapareceu inexplicavelmente e veio a tempestade.

— Não, Eddie. — Russell sorriu gentilmente e balançou a cabeça. — Quero dizer, *você* sabe como veio parar *aqui*? — Dessa vez as mesmas palavras assumiram novo sentido.

O sussurro alertou:

— *Quando você escolhe o caminho, escolhe o destino.*

Isso me atingiu como um golpe. Eu sabia. Pouco a pouco, erro a erro, eu me coloquei em um caminho cujo destino tornara-se inevitável.

E novamente veio o sussurro:

— *Todas as jornadas, para o bem ou para o mal, começam com um pequeno passo.*

Tudo começou naquela remota manhã de Natal, quando vi o suéter pela primeira vez. Agora, aquilo parecia ter acontecido mil anos atrás. Balancei a cabeça afirmativamente.

— É, sei como cheguei aqui.

O olhar de Russell percorreu o milharal.

— A maioria das pessoas depara-se com este lugar em algum momento da vida. A escuridão as assusta porque elas têm dificuldade em enxergar além. Se pudessem ver o que está bem ali depois do horizonte, perceberiam quanto estão perto de casa. — Seus olhos voltaram a pousar em mim. — Você sabe o caminho de casa?

Russell fazia perguntas que interessavam a mim, não a ele. Apontei em direção à tempestade.

— Acho que é por ali. — Meu braço tremia.

— Como você sabe?

— Não sei.

— Eddie, você construiu este mundo. Mas ele não lhe pertence. Vá para casa.

Olhei para o temporal e comecei a tremer. Os ventos uivavam, como se a tempestade pudesse sentir quanto eu era vulnerável e como quase sucumbia diante de sua grandeza. Russell olhava para mim calmamente.

— Você tem razão, ela *parece* ameaçadora. — Havia algo reconfortante em suas palavras. — É curioso como as coisas podem parecer ruins quando vistas com os olhos errados.

— Olhos errados?

— É, olhos errados. Você está olhando para a tempestade com os mesmos olhos com os quais a criou.

Pensei no espelho de meu quarto. Todas as vezes em que batia os olhos nele nos últimos meses, tinha de desviar o olhar, como se meus próprios olhos tentassem revelar a verdade: eu me odiava *porque* culpava tudo e todos pelos meus problemas.

Russell virou-se para mim.

— Não tenha medo da tempestade, Eddie. Tenha medo do milharal. Ele pode parecer seguro, mas só há frio e escuridão dentro dele.

Como se desafiasse suas palavras, a tempestade começou a uivar ainda mais alto. Os pés de milho curvavam-se sob a força de ventos implacáveis, mas, estranhamente, inclinavam-se na direção do temporal e não no sentido contrário a ele. "Está tentando tragá-los também", pensei. Embora a tempestade não se movesse, o barulho que emanava de suas entranhas era como um trem de carga se aproximando. Cobri meu rosto.

Russell pousou sua mão forte e calejada em meu ombro. Sua pele estava quente.

— Está tudo bem, Eddie. O vento não pode machucá-lo. Nada pode. Agora enfrente a tempestade.

Uma violenta rajada de vento uivou atravessando as intermináveis fileiras de pés de milho.

— Não posso, Russell. É muito grande.

— Você é maior.

"Como ele podia dizer isso?"

Os pés de milho eram arrancados da terra pelas ferozes rajadas da tempestade. Misturavam-se com a sujeira e as pedras e giravam à nossa volta. Embora o barulho fosse ensurdecedor, Russell não precisava levantar a voz, e eu nem me esforçava para ouvi-lo.

— Talvez você ainda não saiba quem você é, Eddie. Mas eu sei. E sei também que você está destinado a atravessar esta tempestade. Você não foi criado para ficar parado neste milharal. Há tantas coisas à sua espera, e você merece cada uma delas.

Engoli em seco, sem acreditar no que Russell dizia.

— Não posso, vou esperar que ela passe. Estou seguro aqui.

Seus olhos se inflamaram. Ele balançou a cabeça.

— Ah, Eddie, você não entende. Esta tempestade *nunca* vai passar. Não dá. Ela é sua. Além do mais, a vida não está predestinada a ser segura. É em nossos enganos, em nossos erros e em nossos defeitos que crescemos e vivemos de verdade. Mas você estava certo sobre uma coisa: este é o caminho de casa. Este é o *único* caminho para casa. Mas você vai conseguir. Confie em mim. Confie em *quem* você *realmente é*.

— Quem eu sou? — perguntei, com um tom depreciativo. Eu sentia vergonha da verdade. — Não sou nada. Feri todos aqueles que sempre me amaram.

— Muitas vezes, a parte mais difícil da jornada é a pessoa se achar merecedora dela.

"Sou merecedor?", pensei comigo mesmo.

Olhei novamente para Russell. Seu olhar era forte e amoroso.

— É, sim. Inquestionavelmente, irrevogavelmente, é, sim. Agora vá para casa.

Era o que eu queria. Mas eu era fraco; e a tempestade, tão violenta.

— Confie, Eddie. O viajante é merecedor da viagem. E é merecedor de seu destino. Basta dar um pequeno passo por conta própria.

A tempestade parecia ainda mais ameaçadora. Meu olhar perdia-se em suas gigantescas e violentas entranhas. "Confie." Eu estava exausto para mais uma vez seguir minha vontade — vontade que me levou até ali. Pela primeira vez eu queria fazer a coisa certa.

Fechei os olhos. Dei um passo. Quando me dei conta, estava bem no meio da tempestade. O assovio dos ventos encheu meus ouvidos. Queria gritar de medo, mas senti Russell pegar minha mão.

— Só mais um passo — disse ele, com a voz tranquila e mais poderosa do que a ventania. "Confie."

Fechei os olhos e usei toda a minha força para arrastar meu pé para a frente.

Silêncio.

Abri os olhos. Estávamos do outro lado da tempestade. O sol brilhava atrás de nós, os raios dourados refletindo as ameaçadoras nuvens escuras. Fazia tanto silêncio que os trinados dos pássaros e o farfalhar das folhas eram os únicos sons que me chegavam aos ouvidos. Onde antes era escuro, tornara-se claro e sossegado. Tão aconchegante.

— Onde estou? — Olhei ao redor, maravilhado com as cores vivas do milho, da grama e do céu. Era a paisagem mais estranha e maravilhosa que eu já havia visto. Era como uma foto retocada. Até as cores pareciam estar mais vivas. "O paraíso é isso?"

Embora eu só tivesse pensado nessas palavras, Russell balançou a cabeça.

— Você está do outro lado da tempestade. É isso que o espera. Não depois que você morrer, mas quando começar a viver de verdade.

— É estranho. — Olhei para o meu guia. Ele não estava sujo nem velho. Estava asseado e sem idade definida. — *Quem* é você realmente, Russell?

Ele sorriu.

— A verdadeira pergunta é "quem é você?".

De certa forma eu entendi. Sem a tempestade eu não poderia me conhecer.

— Todo mundo precisa atravessar uma tempestade?

— Sim, mais cedo ou mais tarde. Mas ninguém deve perder para a tempestade, apenas perder-se *dentro dela*. O que a maioria das pessoas não percebe é que não é preciso lutar contra a tempestade, Eddie, mas somente parar de alimentá-la, parar de permitir que ela exerça seu poder sobre a pessoa.

Mais uma vez olhei ao redor. Tentava recordar os cheiros, os sons, a paz, a felicidade. O aconchego.

— Se isso não é o paraíso, então o que é?

— Isso é parte de sua jornada. O *paraíso* é diferente; é muito melhor. — Ele mencionava a palavra de um modo bem diferente do que eu já tinha ouvido. Percebi que, em minha vida, o *paraíso* tinha sido mais um mito do que um lugar real; uma espécie de versão celeste da Disney. Como um atrativo para persuadir as pessoas a serem boas. Mas naquele momento descobri a realidade do lugar e como existiam muito mais coisas sobre ele.

— O paraíso é diferente?

— O paraíso é a expiação de todas as coisas.

— Expiação? — eu já tinha ouvido essa palavra na igreja da vovó, mas nunca a compreendi.

— E-x-p-i-a-ç-ã-o — Russell soletrou a palavra. — É uma chance para ajustar o que está desajustado e começar tudo de novo. Começa quando você perdoa a si mesmo por tudo o que fez de errado e perdoa os outros por tudo o que lhe fizeram. Seus erros deixam de ser erros e passam a ser apenas situações que fazem de você uma pessoa mais forte. A expiação é a grande força redentora e niveladora que conduz à realização de todas as coisas: cada abraço pelo qual você vem ansiando, cada roda-gigante, jogo de beisebol e passeio na neve que você perdeu. Todos aqueles que você amou e perdeu. Expiação, Eddie, é o paraíso na terra.

— Então minha mãe e meu pai estão lá... no paraíso?

A doçura de seus olhos respondeu à minha pergunta.

— Eles também tiveram de atravessar a tempestade?

— Mais vezes do que você imagina. Mas eles tinham um grande ajudante.

— Você?

Ele sorriu.

— Não, Eddie. Você. O amor infinito que tinham por você ajudou-os a atravessar a tempestade.

Pela primeira vez desde que consigo me lembrar não senti culpa ao ouvir sobre os meus pais ou sobre os sacrifícios que fizeram por mim. Apenas gratidão. Olhei para Russell.

— Vai haver outras tempestades?

— Vai, sim. — Seus olhos se cerraram. — Inquestionavelmente, irrevogavelmente, sim.

— E se eu sentir muito medo na próxima vez?

— Estarei com você — disse ele amorosamente. — Lembre-se, Eddie, ninguém se arrependeu da jornada depois de atravessar a tempestade. Nunca ninguém desejou voltar para o outro lado depois de chegar até aqui.

— Obrigado.

— Agradeça a si mesmo. Você fez ótimas escolhas.

Como era bom ouvir aquilo.

— Então, Eddie, você sabe quem é você?

Suas palavras soaram tão afetuosas e alegres que era difícil descrever. Eu estava chorando. Balancei a cabeça afirmativamente.

Um sorriso largo tomou conta de seu rosto.

— Quase sabe. Quase. — Quando olhei para Russell, percebi que tinha se transformado subitamente. Tive a impressão de que uma luz emanava de sua pele. — Você é felicidade, Eddie. Você é felicidade.

Todo o seu ser foi tomado por uma alvura que nunca tinha visto antes. Luminosa. Linda. Acolhedora. A luz tornou-se tão branca que tive de fechar os olhos e me afastar. Nessa luminosidade percebi exatamente *quem* eu era.

Dezesseis

O cheiro das panquecas era tão delicioso que me despertou. Abri os olhos e cerrei-os imediatamente diante da claridade que entrava pela janela do quarto e batia em meu rosto.

Toquei minhas bochechas. Estavam molhadas. Eu tinha chorado. Lembrava-me disso. "Mas como é que eu vim parar no quarto da casa de meus avós? Será que eles foram me procurar?" Reparei que estava inteiramente vestido, mas não com as roupas que usava na noite anterior.

Quando recuperei a consciência, o mundo à minha volta inundou meus sentidos. O ar frio e cortante do quarto revigorava minha pele. O cheiro da massa fofa da panqueca e do mel enchia o ar. Eu podia ouvir o barulho do bacon fritando. Havia algo diferente. Sentia-me diferente. Sentia-me leve de novo.

Sentei-me. Dois sacos de pão estavam no chão; e meu suéter de Natal, bem apertado em meus braços. Apertei-o contra o rosto. Minha mãe tinha tocado este suéter. Tricotou-o minuto a minuto, laçada por laçada. Não apenas eu tinha mudado, mas também o suéter. Ele parecia diferente agora — uma relíquia sagrada.

— Que presente — disse eu para ninguém em particular. — Que presente perfeito.

— Eddie?

Meu coração parou de bater. Levantei os olhos para a porta fechada.

— Com quem você está falando? Posso entrar?

A porta se abriu. Minha mãe estava envolta em um halo luminoso vindo da luz da escada. Fiquei perplexo, sem acreditar no que via.

— Mamãe?

— Bom dia, dorminhoco.

Pulei da cama e corri para ela, atirando-me em seus braços, quase derrubando-a no chão.

— Mãe!

Ela riu.

— Nossa, eu não esperava uma acolhida tão especial. Sobretudo depois da noite passada.

— Você está aqui!

— Claro que estou. Você pensou que eu ia abandoná-lo?

Meus olhos se encheram de lágrimas.

— Mas nós voltamos para casa... o acidente.

Ela me olhou com um ar curioso.

— Quando subi para acordá-lo, você dormia profundamente. Achei que depois de um dia tão difícil seria melhor deixar você se recuperar. Pelo visto, eu estava certa.

Aos poucos, as lembranças invadiam minha mente. Eu tinha subido e me deitado com meu suéter por uns instantes... Não podia ter sido um sonho. Podia?

Mamãe deslizou sua mão por entre meus cabelos.

— Achei que talvez pudéssemos tentar novamente pela manhã. Afinal, o Natal não trata mesmo de segundas chances?

Apertei a cabeça em seu peito e chorei.

— Ah, mamãe. Obrigado. Estou tão arrependido pela maneira como a tratei. Você é a melhor mãe do mundo. E adorei meu suéter, mais do que você pode imaginar.

Ela deu um passo para trás, sorrindo.

— Nossa, isso é que é um sono reparador! Então agora você gosta do seu suéter?

— Mais do que qualquer coisa.

— Mais do que, por exemplo, uma bicicleta?

— Um milhão de vezes mais. Mais do que qualquer bicicleta velha e idiota. Podemos comemorar o Natal de novo? Vou fazer tudo certo desta vez. Prometo.

Ela me olhou e sorriu.

— Você está falando sério mesmo, não está?

Incapaz de dizer qualquer palavra, apenas balancei a cabeça.

Mamãe me puxou novamente para seus braços e beijou minha testa.

— Amo você — disse ela.

Falei entre lágrimas.

— Sei que você me ama. É por isso que gostei tanto do meu suéter. Porque foi você quem fez.

Depois de mais alguns minutos, ela disse:

— Por que você não troca de roupa e desce? O café está quase pronto.

Grudei-me nela.

— Por favor, não vá.

Ela riu.

— Só vou até lá embaixo. E quem sabe pode haver outras surpresas.

De certa maneira, eu sabia do que ela estava falando.

— Não quero nenhuma outra surpresa.

— Não tenha tanta certeza — disse ela. Beijou minha testa. — Arrume-se e desça. Vovó e vovô estão esperando.

Limpei os olhos.

— Está bem.

Mamãe fechou a porta. Enfiei a roupa e, naturalmente, meu suéter novo. Enquanto me vestia, algo do lado de fora da janela chamou minha atenção. Uma neve pesada tinha começado a cair. "A neve do papai", pensei.

Cheguei ao pé da escada, e meus avós me observavam cheios de esperança.

— Feliz Natal! — disse eu.

Olharam furtivamente um para o outro, imaginando o que tinha acontecido comigo.

— Feliz Natal para você também! — disse vovô.

Vovó aproximou-se e me deu um abraço.

— Bom dia, querido. Feliz Natal!

— Eddie — disse minha mãe —, você viu a ne... — Parou antes de terminar a frase. Tinha os olhos fixos em meu suéter. — Você gostou mesmo dele.

— O melhor presente que já ganhei.

Há muitos anos não a via tão feliz.

— Muito bem — disse vovó, carregando um prato com uma pilha de panquecas. — Vamos comer.

Quando tomamos nossos lugares à mesa, perguntei ao vovô se eu podia rezar.

— Claro que sim.

Demos as mãos e inclinamos a cabeça.

— Deus, obrigado por tudo que você tem nos dado. Pelo tempo que passamos juntos. E pelo milagre do Natal. Obrigado pela Expiação: a chance de começar tudo de novo. Ajude-nos a lembrar sempre *quem* somos e a confiar que somos merecedores de atravessar nossas tempestades. Amém.

Quando levantei os olhos, todos me olhavam maravilhados.

Passaram-se alguns segundos antes de minha mãe finalmente quebrar o silêncio.

— Papai, passe as panquecas, por favor.

— Pois não, querida.

Vovô passou-lhe o prato, mas, como sempre, mamãe me serviu primeiro.

— Aqui, Eddie.

— Obrigado — respondi. — Estou com fome. Foi uma *longa* noite.

Vovó dirigiu-me um olhar curioso.

— Longa?

— Eddie — disse vovô —, enquanto você estava em seu quarto dormindo como uma pedra, veio um homem aqui procurar por você. Não lembro o nome dele, mas disse que viu um garoto mais ou menos da sua idade pedalando uma bicicleta. Queria se certificar de que estava bem. Eu disse a ele que não podia ser você.

— Porque eu estava dormindo? — perguntei.

— Sim, mas também porque você *não* tem uma bicicleta. — Um sorriso torto apareceu em seu rosto. — Quem sabe, não é mesmo? Ainda não procuramos em todos os lugares. Não deveríamos fazer uma busca?

Sorri para ele.

— Podemos esperar, vovô. Tudo de que preciso realmente está aqui.

Um largo sorriso tomou conta do rosto de meu avô, e seus olhos brilharam.

— Muito bem, Eddie. Boas palavras.

Pouco depois do café, vovô nos levou até o celeiro. Estava mais excitado do que eu. Com uma grande festa, retirou a lona verde que cobria a bicicleta. Conforme ele próprio tinha me treinado, reagi com surpresa. Agradeci generosamente a todos, cumprimentei vovô por seu gosto apurado e perguntei-lhe como fora capaz de me surpreender completamente. Apesar da minha perfeita representação, vovô podia assegurar que eu sabia da bicicleta. Sei que isso o aborreceu, pois não tinha ideia de como eu havia descoberto. Foi melhor do que vencê-lo nas cartas — o que, naturalmente, eu não poderia ter feito, considerando que todas as cartas de copas do seu baralho favorito estavam encaixadas nos raios.

Horas depois, enquanto a neve caía calmamente, deitei-me ao pé da lareira perto de minha mãe, ouvindo um disco com canções de Natal. Ela passava seus dedos alongados pelos meus cabelos.

— Este tem sido o Natal mais maravilhoso de todos — disse pensativamente.

— Tem, sim — disse eu. — Como nos velhos tempos.

Ela riu.

— Você tem apenas 12 anos, Eddie. E ainda não tem "velhos tempos".

Nós dois rimos.

— Mamãe...

— O que é?

— Obrigado por tudo que você faz por mim. Por todo o seu trabalho e pelas mudanças que faz em seus horários para poder ficar comigo.

— Como você soube disso?

— Eu apenas não lhe agradeci o suficiente.

Ela me observou, e seus olhos se encheram de lágrimas.

— Você sabe por que faço isso, Eddie?

— Por quê?

— Porque você é a minha maior alegria, Eddie. Você é a minha felicidade.

Como começa...

O nome completo de meu avô era Edward Lee Janssen, meu melhor amigo durante as férias de verão. Embora o nome do meio que consta da minha certidão de nascimento seja somente "Lee", sempre insisti em usar "Edward Lee". Meus amigos e até mesmo meus filhos acreditam que meu nome completo seja Glenn Edward Lee Beck.

Na verdade, eu sou o "Eddie" e cresci em uma cidadezinha chamada Mount Vernon, em Washington. Minha mãe chamava-se Mary, e morreu quando eu tinha 13 anos, pouco depois de ter me presenteado com um suéter de Natal que atirei no chão.

Meus avós eram muito parecidos com os descritos no livro. Vovô foi um grande homem e um grande amigo.

Ao contrário do modo como foi exposto, meu pai não estava ausente. Apesar de sempre ter estado disponível para mim, nunca fomos próximos. Somente anos mais tarde, quando fiquei mais ajuizado, parei de sentir pena de mim mesmo e comecei a contar minhas bênçãos, é que o procurei para lhe dizer que eu não sabia como ser seu filho. Ele disse que se sentia da mesma maneira e acrescentou que se eu prometesse aguentar o silêncio embaraçoso, poderíamos encontrar uma solução para o problema. Suas palavras ainda me enchem os olhos de lágrimas quando hoje as escrevo.

Fiz como ele pediu e sinto orgulho por termos sobrevivido aos "silêncios embaraçosos". Meu pai tem sido meu melhor amigo, e esses têm sido os melhores quinze anos de nossas vidas.

A padaria de nossa família de fato se chamava City Bakery, e meu pai era mais um artesão do que um padeiro. Em uma viagem de volta à cidade de minha infância, no verão de 2007, percebi que o centro de Mount Vernon voltava à vida. O centro comercial que levou lojas como a nossa a fecharem suas portas tinha sido posto abaixo e substituído por outro muito maior. Não fui até lá; já vi centros comerciais iguais àquele em uma centena de outras cidades.

Russell é uma compilação de algumas das pessoas mais importantes de minha vida. Existe um homem chamado Russell (exceto pelo tom sépia) que morava ao lado da casa de meus avós. Ele possuía toda a bondade e a sabedoria de um fazendeiro que trabalhou com as mãos a vida toda. Resolvi usá-lo como modelo para o personagem quando, durante aquela viagem, visitei a rua em que meus avós viveram em Puyallup, Washington. Russell ainda morava na casa ao lado, muito depois da morte de meus avós. Mostrou-me um salgueiro que plantou com um galho que meu avô lhe dera quando eu era bem pequeno. Salgueiro este que hoje sombreia seu quintal.

Russell também é uma forma de agradecimento ao meu amigo Pat Gray, uma pessoa para quem tiro o chapéu. Muitos de vocês já me ouviram falar dele no rádio, na TV e em minhas apresentações ao vivo. Conheci Pat tardiamente, e ele me guiou através de meus dias mais sombrios, além de ter me dado o maior de todos os presentes: a fé.

Porém, a maior inspiração para a criação de Russell vem de um sonho que tive por volta de meus 30 anos. A cena do milharal é verdadeira, assim como as cores e o aconchego do outro lado. Foi um momento sagrado que mudou minha vida completamente. Acredito que seja essa a razão pela qual o livro se escreveu sozinho, conforme relatei na introdução.

Embora na época eu não soubesse quem Russell representava em meu sonho, sinto que agora sei. No entanto, quem ele representa *para você* é algo que só você pode descobrir.

Esse sonho, Russell e o milharal não são exclusivamente meus. Todos acabaremos lá em algum momento de nossas vidas. Receio, porém, que muitos de nós desperdicemos a vida estagnados naquele frio e naquela escuridão, por não conseguirmos esquecer o passado nem dar o primeiro passo em direção ao desconhecido. Também não sabemos (ou não acreditamos) que existe beleza e felicidade do outro lado do medo.

Sou um alcoólatra. Enterrei minha culpa, meu sofrimento e meus sentimentos durante tanto tempo que eles poderiam ter me matado se eu não tivesse tido esse sonho. Só gostaria que ele pudesse ter acontecido quando eu tinha 13 anos, como aconteceu com Eddie.

Infelizmente, cometi muito mais erros antes de cair de joelhos e finalmente implorar "Sua vontade, não a minha". Eu estava no meio dos meus 30 anos e vinha trabalhando em minha recuperação por mais de um ano. Pensei que estivesse fazendo um bom progresso, mas havia lugares aonde eu não queria ir.

Eu estava cansado. Cansado de examinar minha consciência, cansado de lembrar, cansado de olhar para as coisas que evitei a vida inteira. Sem que fosse uma decisão consciente, vi-me desejando permanecer no milharal com apenas algumas respostas, já que eu estava fora da estrada principal e relativamente seguro. Porém, era mais do que isso.

Penso muitas vezes em quantos de nós não enfrentam a si mesmos por estarem convencidos de que são merecedores de somente um determinado nível de felicidade. Somos limitados por ideias e pensamentos de merecimento e de felicidade. Contentamo-nos com nossa infelicidade porque é tudo o que conhecemos. Ou talvez não olhemos para quem somos "de verdade", por termos medo de que não exista alguém de verdade para encontrarmos.

Certa noite, tive um sonho: a estrada esburacada; o milharal devastado; uma tempestade tão forte que ninguém mereceria assistir com os próprios olhos. Não sabia para onde ir.

Então, um homem velho e misterioso mostrou-me o caminho.

Acordei desse sonho às três da manhã e imediatamente peguei minhas tintas para tentar recriar a cena dos dois lados da tempestade. Apesar de meus melhores esforços, não consegui apreendê-la. Tenho tentado e fracassado muitas vezes desde então. Penso se até mesmo neste livro consegui realmente conceber a frieza do milharal, a verdadeira intensidade da experiência de Eddie do outro lado da tempestade e a luz de um estranho que neste livro chamei de Russell.

Talvez essa cena não estivesse destinada a ser plenamente recriada. Assim como em meu sonho, talvez precisemos ver apenas um sinal da mensagem e do mensageiro e deixar o resto para a fé.

Nas páginas finais, Eddie tem uma segunda chance. Isso, meu amigo, é um presente *para mim* e de *mim* para você. É o verdadeiro presente que hoje vejo como uma representação do último presente que recebi de minha mãe. É compreender que você pode ser perdoado, que pode começar de novo e que, se enfrentar seus maiores medos e remorsos, o céu vai se abrir, e você encontrará a felicidade e o amor. É a chave para quebrar a corrente do remorso e da infelicidade.

Minha mãe me deu o suéter, mas o maior presente nos foi dado por um Pai amoroso que está no céu. É o único presente verdadeiro oferecido a todos nós, mas, mesmo assim, só é aberto ou apreciado por bem poucos. É o presente da redenção e da expiação, e fica na prateleira mais alta (imensamente intocado) dentro de nossas almas.

No Natal celebramos o nascimento de Cristo. Mas ao fazer isso, muitas vezes perdemos o verdadeiro sentido do acontecimento. O que tornou Seu nascimento tão especial foi o que fez, no fim de Seu ministério, aquele menino recém-nascido e depois homem perfeito.

Sem Sua morte, o nascimento não tem sentido.

Por muitos anos, concebi a redenção como uma palavra ouvida de um pregador. Não achava que fosse real. E mesmo que fosse, não me julgava merecedor dela, o que é uma mentira.

É verdade.

Redenção não é uma simples palavra. É uma força para mudar a vida. E eu a mereço.

Você é merecedor.

Todos somos.

A verdadeira lição daquele último Natal com minha mãe foi compreender que o melhor presente é qualquer coisa dada com amor. Lembro-me nitidamente de seu olhar quando viu o suéter enrolado no chão de meu quarto, assim como me lembro de quando me dei conta de tudo o que ela fez por aquele presente. Recuso-me a ficar aos Seus pés e a olhar para Ele com a mesma expressão em Seus olhos enquanto Ele me pergunta:

— Filho, foi esse o presente que lhe dei?

Assuma sua redenção. Acalente-a. Aceite-a. Compartilhe-a. Ela tem o poder de transformar vidas. *Transformou a minha.*

Finalmente eu sei *quem* sou e me sinto feliz. Enquanto escrevo estas palavras finais em minha cama, bem depois das duas da manhã, nos arredores da cidade de Nova York, percebo quantas vezes eu teria feito qualquer coisa para poder voltar a viver naquela rua tão simples. Meus avós e todos que lá viveram ainda permanecem como as pessoas mais bem-sucedidas que já conheci. Possuíam tudo o que precisavam e, o mais importante, desejaram tudo o que possuíam.

Por muito tempo em minha vida, lutei contra a culpa pelo modo como tratei o suéter de minha infância e os acontecimentos que cercaram aquela manhã de Natal. Não conseguia me desfazer de um suéter, não importa quanto fosse feio, antiquado ou apertado. Apegava-me a cômodas repletas deles, em todas as formas e tamanhos imagináveis.

Felizmente superei essa fase depois de enfrentar minha tempestade. O velho homem do sonho estava certo: não foi tão ruim quanto pensava.

Todos os meus suéteres foram doados para instituições de caridade e sinto-me em paz com isso. Descobri que não precisava mais deles porque aqui dentro de mim é tão aconchegante...

É muito aconchegante.

Glenn-Edward Lee-Beck

Agradecimentos

Todas as vezes que escrevo os agradecimentos de um livro fico me sentindo provavelmente como minha mãe naquela manhã de Natal, quando joguei meu suéter no chão.

Sempre espero não desapontar um amigo, mas sei que o farei. Assim que os envio para o meu editor, mais rostos e nomes esquecidos de alguma forma inevitavelmente surgem à minha mente.

De certo modo, eis um bom problema para se ter. Uma lembrança saudável de que estou do outro lado da tempestade, por ter amigos surpreendentes que me ajudaram ao longo do caminho. Além de servir para lembrar-me de que desempenho um papel bem pequeno em meu próprio sucesso.

A seguir fiz uma lista com o nome de todos meus amigos que me deram os maiores presentes que existem: confiança, amizade, apoio e, o mais importante, seu amor.

Tania Beck
Meus filhos
Todos os meus antepassados
Claire McCabe
Pat Gray
Robert e Colleen Shelton
Roy Klingler e família
Michelle Gray

Coletta Maier e família
Jeff Chilson
David e Joanne Bauer
Jeremy e Makell Boyd
Bobby Dreese
Bruce Kelly
Jim Lago
Carma Sutherland
Robert e Juaniece Howell
Jon Huntsman
Bill Thomas
David Neeleman
Jaxson Hunter
Gary e Cathy Crittenden
Minha cidade natal
Todos os meus amigos de Sumner, WA
Chris Balfe
Kevin Balfe
Stu Burguiere
Adam Clarke
Dan Andros
Rich Bonn
Liz Julis
Carolyn Polke
Joe Kerry
John Carney
Sarah Sullivan
Jeremy Price
Christina Guastella
Kelly Thompson
Kristyn Ort
Chris Brady
Nick Daley

Pat Balfe
Eric Chase
Conway Cliff
Virginia Leahy
John Bobey
Minhas equipes de rádio e TV
Minha equipe de audiência e maquiagem
Mark Mays
John Hogan
Charlie Rahilly
Dan Yukelson
Dan Metter
Julie Talbott
Gabe Hobbs
Kraig Kitchin
Brian Glicklich
George Hiltzik
Matthew Hiltzik
Dom Theodore
Carolyn Reidy
Louise Burke
Mitchell Ivers
Sheri Dew
Duane Ward
Joel Cheatwood
Jim Walton
Ken Jautz
Josanne Lopez
Lori Mooney
Greg Noack
Meus ouvintes, telespectadores e leitores
Minhas fontes
City Bakery (1898-2006)

Richard Paul Evans
Jason Wright
Marcus Luttrell
Greg e Donna Stube
Paul e Angel Harvey
Thomas S. Monson
Russell Ballard
Neil Cavuto
Anderson Cooper
Brad Thor
Don Brenner
Albert Ahronheim
David Marcucci
Blake Ragghianti
Anthony Newett

Sobre o autor

Glenn Beck nasceu em Everett, Washington, em 1964. Autor nº 1 da lista dos mais vendidos do *New York Times*, é uma personalidade em seu país. Seu *talk show* no canal americano Fox News é um estrondoso sucesso de público. Formador de opinião, é também apresentador de um dos programas de rádio de maior audiência nos Estados Unidos, *The Glenn Beck Program*.

Um presente de Deus é um best-seller internacional com mais de dois milhões de exemplares vendidos em menos de dois meses.

Para mais informações acesse www.glennbeck.com.

CIP-BRASIL. CATALOGAÇÃO NA FONTE
SINDICATO NACIONAL DOS EDITORES DE LIVROS, RJ.

B355p
Beck, Glenn, 1964-
Um presente de Deus / Glenn Beck com Kevin Balfe e Jason Wright; tradução de Iva Sofia Gonçalves Lima. — Rio de Janeiro : PocketOuro.

Tradução de: The Christmas Sweater
ISBN 978-85-7955-046-1

1. Romance americano. I. Balfe, Kevin. II. Wright, Jason. III. Sofia, Iva. IV. Título.

CDD 890
CDU 890.123(45)-6

Este livro foi composto em Adobe Caslon Pro, e impresso pela Ediouro Gráfica sobre papel Offset 63g/m²
para o PocketOuro em 2010.

PocketOuro

O marido humilhado, *Nelson Rodrigues*
Marley & eu, *John Grogan*
O pequeno príncipe, *Antoine de Saint-Exupéry*
O eu profundo e os outros eus, *Fernando Pessoa*
Auto da Compadecida, *Ariano Suassuna*
As 21 irrefutáveis leis da liderança, *John C. Maxwell*
O Príncipe, *Nicolau Maquiavel*
A assustadora história da medicina, *Richard Gordon*
Os discursos de Zaratustra, *Friedrich Nietzsche*
Contos de crime, clássicos escolhidos, *Flávio Moreira da Costa (org.)*
A distância entre nós, *Thrity Umrigar*
Derrubando Golias, *Max Lucado*
O cão dos Baskervilles, *Arthur Conan Doyle*
O que Jesus disse? O que Jesus não disse?, *Barth D. Ehrman*
Entre ossos e a escrita, *Maitê Proença*
Quando Nietzsche chorou, *Irvin D. Yalom*
A cura de Schopenhauer, *Irvin D. Yalom*
A mulher independente, *Simone de Beauvoir*
Máximas de Tia Zulmira, *Stanislaw Ponte Preta*
A chave mestra do sucesso, *Charles F. Haanel*
Muito além do segredo, *Ed Gungor*
Rei Artur, *Allan Massie*

Uma nova história do tempo, *Stephen Hawking e Leonard Mlodinov*
Como cheguei ao poder, *Winston Churchill*
O planeta dos macacos, *Pierre Boulle*
Alô, chics!, *Gloria Kalil*
Os melhores contos de amor das Mil e Uma Noites
Mentiras no divã, *Irvin D. Yalom*
3:16, *Max Lucado*
Contos de vampiros, *Flávio Moreira da Costa (org.)*
A luta pela sobrevivência, *Charles Darwin*
Não somos racistas, *Ali Kamel*
O livro de ouro da mitologia, *Thomas Bulfinch*
Paixões, *Rosa Montero*
Poemas de amor, *Fernando Pessoa*
Dias melhores virão, *Max Lucado*
Pixote – Infância dos mortos, *José Louzeiro*
Romeu e Julieta, *William Shakespeare*
Eu, robô, *Isaac Asimov*
Poemas de amor, *William Shakespeare*
Notas do subsolo e O Grande Inquisidor, *Fiódor Dostoiévski*
Contos de terror e mistério, *Edgar Allan Poe*
O Profeta, *Kalil Gibran*
As quatro armadilhas da mente e a inteligência multifocal, *Augusto Cury*
Como administrar seu intelecto, *Augusto Cury*
A vida sexual de Catherine M., *Catherine Millet*
Jesus, *Kahlil Gibran*
Desenvolvendo a inteligência emocional, *Augusto Cury*
Bons profissionais e excelentes profissionais, *Augusto Cury*
Cachorros encrenqueiros se divertem mais, *John Grogan*
A lei da atração, *Michael Losier*
Você faz a diferença, *John C. Maxwell*
Calígula e Nero, *Suetônio*

Contos de humor, clássicos escolhidos, *Flávio Moreira da Costa (org.)*
100 homens que mudaram a história do mundo, *Bill Yenne*
O livro de ouro da história da música, *Otto Maria Carpeaux*
O livro de ouro do sexo, *Regina Navarro Lins e Flávio Braga*
Assassinato no Expresso do Oriente, *Agatha Christie*
Morte no Nilo, *Agatha Christie*
Histórias de mulheres, *Rosa Montero*
Você, a ideia mais fantástica de Deus, *Max Lucado*
A louca da casa, *Rosa Montero*
Cai o pano, *Agatha Christie*
A mensagem secreta de Jesus, *Brian McLaren*
O Santo Graal e a linhagem sagrada, *M. Baigent, R. Leigh e H. Lincoln*
Treze à mesa, *Agatha Christie*
Não sou a Mulher-Maravilha, mas Deus me fez maravilhosa!, *Sheila Walsh*
O Universo conspira a seu favor, *Jerry e Esther Hicks*
A última semana, *Marcus Borg e John Crossan*
A arte de ser feliz sem sair do lugar, *Maurice Smith*
A Mansão Hollow, *Agatha Christie*
Jesus, o maior filósofo que já existiu, *Peter Kreeft*
O livro da felicidade, *Dalai Lama*
A arte da guerra, *Sun Tzu*
De bem com a vida, *Deborah Norville*
Os elefantes não esquecem, *Agatha Christie*
Poliana, *Eleanor H. Porter*
Sem tempo pra nada, *Edward M. Hallowell*
Um corpo na biblioteca, *Agatha Christie*
365 bênçãos, *Max Lucado*
Madonna: 50 anos, *Lucy O'Brien*
Como saber quem você é, *Dalai Lama*
A oração de Maria, *Keith Fournier e Lela Gilbert*

N

Poliana moça, *Eleanor H. Porter*
A vida de Chico Xavier em quadrinhos, *Rodolfo Zalla e Franco de Rosa*
A Cruz e o Crescente, *Richard Fletcher*
Alice no País das Maravilhas, *Lewis Carroll*
Hitler, *Joachim Fest*
O Bem-Amado, *Dias Gomes*
As 17 incontestáveis leis do trabalho em equipe, *John C. Maxwell*
As memórias do livro, *Geraldine Brooks*
O livro de ouro da Bíblia, *J. W. Rogerson*
Falando com os anjos, *Roberto B.O. Goldkorn*
Gente como a gente, *Max Lucado*
A montanha e o rio, *Da Chen*
O Tigre Branco, *Aravind Adiga*
Os manuscritos de Jesus, *Michael Baigent*
O livro de ouro das religiões, *John Bowker (org.)*
A cabeça de Steve Jobs, *Leander Kahney*
O livro de ouro do Universo, *Ronaldo Mourão*
Conversando com Deus, vol. I, *Neale D. Walsch*
Conversando com Deus, vol. II, *Neale D. Walsch*
Churchill, Hitler e a guerra desnecessária, *Patrick J. Buchanan*
O livro de ouro dos sonhos, *Gayle Delaney*
Quem Jesus foi? Quem Jesus não foi?, *Bart D. Ehrman*
Comporte-se como uma dama, pense como um homem, *Steve Harvey e Denene Millner*
O beijo no asfalto (graphic novel), *Nelson Rodrigues, Arnaldo Branco e Gabriel Góes*
Resistência, *Agnès Humbert*
Um presente de Deus, *Glenn Beck, Kevin Balfe e Jason Wright*